Arbeitsheft

CONTO 10 II

Betriebswirtschaftslehre/

Rechnungswesen

Realschule Bayern

Grundwissen Ökonomie

Autoren
Anton Huber
Manfred Jahreis
Sabine Welzenbach

westermann

Dieses Arbeitsheft enthält alle Aufgaben der Kapitel 0-III (ohne Fallstudie) des Lehrbuches.

Die Nummerierung der Aufgaben entspricht der Nummerierung im Buch.

Auf welcher Seite die Aufgaben im Buch zu finden sind, steht im Balken neben den Aufgaben.

© 2004 Bildungshaus Schulbuchverlage
Westermann Schroedel Diesterweg Schöningh Winklers GmbH, Braunschweig
www.westermann.de

1. Auflage, Druck 2013

Das Werk und seine Teile sind urheberrechtlich geschützt. Jede Nutzung in anderen als den gesetzlich zugelassenen Fällen bedarf der vorherigen schriftlichen Einwilligung des Verlages. Hinweis zu § 52a UrhG: Weder das Werk noch seine Teile dürfen ohne eine solche Einwilligung gescannt und in ein Netzwerk eingestellt werden. Dies gilt auch für Intranets von Schulen und sonstige Bildungseinrichtungen.
Auf verschiedenen Seiten dieses Buches befinden sich Verweise (Links) auf Internet-Adressen. Haftungshinweis: Trotz sorgfältiger inhaltlicher Kontrolle wird die Haftung für die Inhalte der externen Seiten ausgeschlossen. Für den Inhalt dieser externen Seiten sind ausschließlich deren Betreiber verantwortlich. Sollten Sie bei dem angegebenen Inhalt des Anbieters dieser Seite auf kostenpflichtige, illegale oder anstößige Inhalte treffen, so bedauern wir dies ausdrücklich und bitten Sie, uns umgehend per E-Mail davon in Kenntnis zu setzen, damit beim Nachdruck der Verweis gelöscht wird.

Redaktion: Petra Griesenbeck, Meckenheim
Herstellung: Andreas Losse
Satz: ISM Satz- und Reprostudio GmbH, München
Druck und Bindung: westermann druck GmbH, Braunschweig

ISBN 978-3-14-**116120**-5

Inhaltsverzeichnis

	Erinnern Sie sich noch?	4
I	Periodenrichtige Erfolgsermittlung	33
II	Jahresabschluss und Auswertung	71
III	Grundlagen der Betriebsbuchführung: Kosten- und Leistungsrechnung in einem Fertigungsunternehmen	87

Verzeichnis der Konten und Kontenabkürzungen

Erinnern Sie sich noch?

0-1

Aktiva	Bilanz zum 1. Januar 04		Passiva
Anlagevermögen		**Eigenkapital**	2.200.243,58 €
Unbebaute Grundstücke	165.000,00 €	Einzelwertberichtigungen	34.200,00 €
Bebaute Grundstücke	400.000,00 €	Pauschalwertberichtig.	5.670,00 €
Betriebs- u. Verw.gebäude	800.000,00 €	**Fremdkapital**	
Maschinen und Anlagen	2.400.000,00 €	Langfristige Schulden	
Fuhrpark	345.000,00 €	Langf. Bankverbindlichk.	2.189.280,00 €
Büromaschinen	260.000,00 €	Kurzfristige Schulden	
Büroausstattung	460.000,00 €	Kurzfr. Bankverbindlichk.	803.000,00 €
Umlaufvermögen		Verbindlichkeiten	249.829,23 €
Rohstoffe	150.000,00 €	Umsatzsteuer	56.000,41 €
Fremdbauteile	50.200,00 €		
Hilfsstoffe	35.500,00 €		
Betriebsstoffe	1.200,00 €		
Fertige Erzeugnisse	74.000,00 €		
Handelswaren	23.450,00 €		
Forderungen an Kunden	224.940,70 €		
Vorsteuer	79.161,43 €		
Bankguthaben	49.261,09 €		
Kassenbestand	20.510,00 €		
	5.538.223,22 €		**5.538.223,22 €**

1. Richten Sie in Ihrem FiBu-Programm die Stammdaten zum Unternehmen Krönle ein.

Firmendaten
Hinterlegen Sie hier ihre Firmendaten und die Gewinnermittlungsart

Firmenangaben — Nr. 1

Name: ☐☐

Straße: ☐

PLZ, Ort: ☐ ☐

Telefon: ☐

Land: Deutschland

Gewinnermittlungsart: Betriebsvermögensvergleich
Basis-Kontenrahmen: Industrie (Schulkontenrahmen)
Buchungsjahr: 01.01.20.. - 31.12.20..
Währung: EUR

2. Eröffnen Sie die aktiven und passiven Bestandskonten.

0-2

Bearbeiten Sie folgende Aufgaben zu Beleg 1:

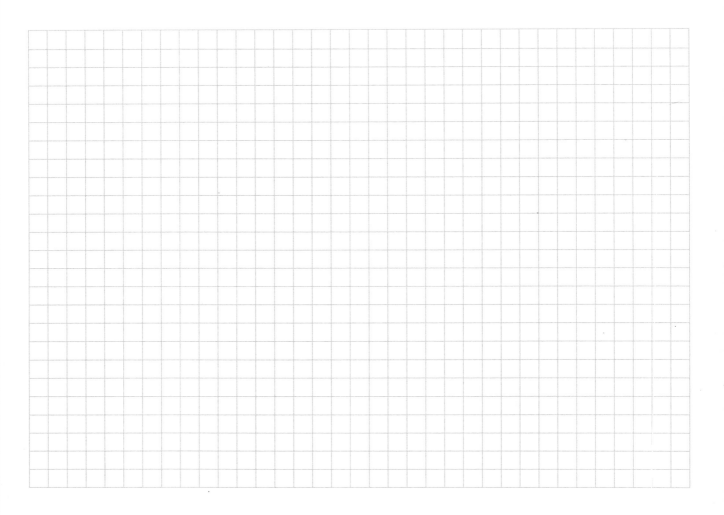

Beleg 1

1. Formulieren Sie den Geschäftsfall.

Wir kaufen 50 Uhren zu einem Stückpreis von 29,50 € netto abzüglich 10 % Rabatt und zuzüglich Leihverpackung von 100 €

2. Erklären Sie den Begriff Handelswaren.

Handelswaren: Waren die gekauft werden um sie dann selbst wieder zu verkaufen.

3. Bilden Sie den Buchungssatz und kontieren Sie den Beleg. (Damit ist die Übertragung ins FiBu-Programm gemeint.)

6080 AWHW 1.327,50 €   an 4400 VE 1.698,73 €
6060 AWM 100,00 €
2600 VorSt 271,23 €

4. Welchen Vorteil hat es für den Lieferer, Skonto vom Nettowarenwert zu gewähren?

Durch Skontogewährung bekommen die Lieferer meist ihr Geld früher als ohne Skonto.

0-3

Bearbeiten Sie folgende Aufgaben zu Beleg 2 (siehe auch Beleg 1):

Von: Uhren Ticon
Datum: 17. Dezember 20..
An: Krönle Küchengeräte und Hotelleriebedarf e. K.
Betreff: Rücksendung der Leihverpackung

Sehr geehrte Frau Krönle,

hiermit gewähren wir Ihnen für die Rücksendung unserer Leihverpackung eine Gutschrift über 119,00 €.

Mit freundlichen Grüßen

Josef Ticon

Beleg 2

1. Formulieren Sie den Geschäftsfall.

Krönle bekommt für die Rücksendung der Leihverpackung eine Gutschrift von 119 € zugeschrieben.

2. Erklären Sie jeweils die buchhalterische Behandlung
   a) von einer Gutschrift für Rücksendungen und
   b) einer Gutschrift aufgrund von Sachmängeln.

3. Bilden Sie den Buchungssatz und kontieren Sie den Beleg.

0-4

Bearbeiten Sie folgende Aufgaben zu Beleg 3 (siehe auch Beleg 1 und Beleg 2):

Beleg 3

1. Formulieren Sie den Geschäftsfall.

2. Überprüfen Sie rechnerisch die Richtigkeit des Überweisungsbetrages.

3. Bilden Sie den Buchungssatz und kontieren Sie den Beleg.

0-5

Bearbeiten Sie folgende Aufgaben zu Beleg 4:

1. Formulieren Sie den Geschäftsfall.

Beleg 4

2. Nennen Sie drei Arten von Kreditkosten.

3. Begründen Sie, weshalb das Annuitätendarlehen die praxisübliche Tilgungsform ist.

4. Erstellen Sie einen Tilgungsplan für die ersten zwei Jahre. Der vereinbarte Zinssatz beträgt 8 %.

5. Erklären Sie den Unterschied zwischen dem nominalen und dem effektiven Zinssatz.

6. Berechnen Sie den effektiven Zinssatz.

7. Bilden Sie den Buchungssatz und kontieren Sie den Beleg.

0-6

Bearbeiten Sie folgende Aufgabe (siehe auch Beleg 4):
Bilden Sie den Buchungssatz für den Schuldendienst im ersten Jahr und kontieren Sie den Geschäftsfall.

0-7

Sonja Krönle bezieht Glasregale für das System der offenen Küche zu einem Einstandspreis von 940,00 €.
Sie kalkuliert bei dem Regal mit 60,00 € Gemeinkosten für Handelswaren und 10 % Kundenrabatt und 2 % Skonto.

1. Erklären Sie den Unterschied zwischen Fremdbauteilen und Handelswaren.

2. Wie hoch ist der Gewinnaufschlag in € und in Prozenten, wenn die Ware mit einem Listenverkaufspreis von netto 1.560,00 € angeboten wird?

3. Welche Prozentsätze bleiben über einen längeren Zeitraum gleich und können deshalb zu einer Kalkulationshilfe umgerechnet werden?

___

4. Ermitteln Sie den Kalkulationsfaktor, der hier zugrunde liegt.

5. Bearbeiten Sie folgende Aufgabe zu Beleg 5:

Krönle
Küchengeräte und Hotelleriebedarf e. K.

Krönle e. K., Augsburger Straße 12, 86368 Gersthofen

Martin Wagner
Alpenweg 8
80688 München

Krönle Küchengeräte und
Hotelleriebedarf e. K.
Augsburger Straße 12
86368 Gersthofen
Amtsgericht Augsburg HRA 3345
☎ 0821 497244
📠 0821 497255
🖳 www.kroenle-online.de

RECHNUNG 1359

Gersthofen, 18. Dezember 20..

Für die Lieferung vom **13. Dezember** erlauben wir uns, Ihnen zu berechnen:

Artikel	Artikel-Nr.	Einzelpreis €	Stück	Gesamtpreis €
Glasregale	Gr-1	1.560,00	2	3.120,00
- Rabatt 10 %				312,00
Warenwert, netto				2.808,00
Umsatzsteuer 19 %				533,52
				3.341,52

Zahlung fällig am 18. Januar 20.. rein netto
Bei Bezahlung bis zum 28. Dezember 20..gewähren wir 2 % Skonto.
Die gelieferte Ware bleibt bis zur vollständigen Bezahlung unser Eigentum.

Bankverbindung: Konto-Nr.: 1270008374 Lechbank Augsburg · BLZ 790 550 00

USt-IdNr. DE 233555621 Steuernr. 178/2045/3428

Beleg 5

a) Formulieren Sie den Geschäftsfall.

Krönle verkauft 2 Glasregale zu einem Stückpreis von 1.560,00€ netto abzüglich 10% Rabatt.

b) Bilden Sie den Buchungssatz und kontieren Sie den Beleg.

2400 FO 3.341,52€ an 5000 UE HW 2.808,00€
4800 UST 533,52€

0-8

S. 11

Bearbeiten Sie folgende Aufgaben zu Beleg 6:

1. Nennen Sie drei Merkmale für ein Einzelunternehmen.

___

2. Welche Aufgabe hat das Konto Privat in einem Einzelunternehmen?

___

___

___

3. Bei welchem Gericht und in welcher Abteilung werden Einzelunternehmer im Handelsregister eingetragen?

HRA

Quittung

Netto €	10.000,	Cent 00
+ % UST €	---	Cent --
Gesamt €	10.000,	Cent 00

Gesamtbetrag € in Worten
Zehntausend------------------
(im Gesamtbetrag sind _____ % Mehrwertsteuer enthalten)

von *Sonja Krönle*

für *Privateinlage*
richtig erhalten zu haben, bestätigt

Ort *Gersthofen* Datum *17. Dezember 20..*

Buchungsvermerke | Stempel/Unterschrift des Empfängers
Maier

Vent wie oben

Beleg 6

4. Formulieren Sie den Geschäftsfall.

___

___

5. Bilden Sie den Buchungssatz und kontieren Sie den Beleg.

0-9

Krönle
Küchengeräte und Hotelleriebedarf e. K.

Krönle e. K., Augsburger Straße 12, 86368 Gersthofen

Martin Wagner
Alpenweg 8
80688 München

Zahlungserinnerung

Krönle Küchengeräte und
Hotelleriebedarf e. K.
Augsburger Straße 12
86368 Gersthofen
Amtsgericht Augsburg HRA 3345
☎ 0821 497244
📠 0821 497255
🖥 www.kroenle-online.de

Gersthofen, 18. Mai 20..

Sehr geehrter Herr Wagner,

wir erlauben uns, Sie an die Begleichung unserer Rechnung vom 3. Februar 20.. zu erinnern.

Wir stellen Ihnen folgende Gesamtforderung in Rechnung:

Rechnungsbetrag laut Rechnung vom 3. Feb. 20..	2.476,15 €
Verzugszinsen 7,30 % für 73 Tage	36,15 €
Bearbeitungsgebühren	10,00 €
Unsere Gesamtforderung	2.522,30 €

Wir haben alle Zahlungseingänge bis zum 18. Mai 20.. berücksichtigt. Sollte Ihre Zahlung inzwischen eingetroffen sein, so betrachten Sie dieses Schreiben bitte als gegenstandslos.

Mit freundlichen Grüßen
Sonja Krönle

Bankverbindung: Konto-Nr.: 1270008374 Lechbank Augsburg · BLZ 790 550 00
USt-IdNr. DE 233555621 Steuernr. 178/2045/3428

Bearbeiten Sie folgende Aufgaben zu Beleg 7:

1. Wann gerät ein Schuldner in Zahlungsverzug?

Wenn er nicht innerhalb der Zahlungsfrist zahlt

___

2. Welche Rechte hat der Gläubiger, wenn ein Schuldner in Zahlungsverzug ist?

Verzugszinsen berechen

___

Beleg 7

3. Formulieren Sie den Geschäftsfall (siehe auch Beleg 5).

_____
_____
_____

4. Bilden Sie den Buchungssatz und kontieren Sie den Beleg.

0-10

S. 12

Bearbeiten Sie folgende Aufgaben zu Beleg 8:

```
Bekanntmachung in gerichtlichen Verfahren
         Insolvenzverfahren
        Bezirk des OLG München

5 IN 468//06. Über das Vermögen des Hotels Alpenblick, Seeweg 17, 84320
Grainau, vertreten durch die Geschäftsführerin Lilo Maier wurde am 20. Mai 20..
um 14:10 Uhr das Insolvenzverfahren eröffnet. Insolvenzverwalter Rechtsanwalt
Paul B. [...]
Die Gläubiger werden aufgefordert, ihre Insolvenzforderungen (§ 38 InsO) bis
20. Juni 20.. bei dem Insolvenzverwalter ... anzumelden. [...]
```
Beleg 8

1. Welche Arten von Forderungen gibt es?

_____
_____
_____
_____

2. Lesen Sie den Text aus der Tageszeitung durch und erklären Sie den Ausdruck Insolvenzverfahren.

_____
_____
_____
_____
_____

3. Nennen Sie zwei weitere Informationen, die Sonja Krönle dazu veranlassen könnten, eine Forderung als zweifelhaft einzustufen.

_____
_____

4. Das Unternehmen hat gegenüber dem Hotel Alpenblick eine einwandfreie Forderung über 19.040,00 €.
   a) Formulieren Sie den Geschäftsfall.

_____

b) Bilden Sie den Buchungssatz und kontieren Sie den Beleg.

0-11

Bearbeiten Sie folgende Aufgaben zu Beleg 9.

Lechbank Augsburg

Lechbank Augsburg   86368 Gersthofen

Krönle Küchengeräte und Hotelleriebedarf e. K.
Augsburger Straße 12
86368 Gersthofen

Abrechnung Wertpapierkauf
Kommissionsgeschäft

Auftragsnummer 061401983
Schlusstag 14.03....8
Börse **München**
Verwahrungsart **Girosammel**
Lagerort

Kapitalerträge sind einkommensteuerpflichtig.

Sehr geehrter Kunde,
für Ihr Depot 484346 haben wir Stück   200,000
Daimler AG Namens-Aktien o. N.
ISIN DE 0007100000 zu EUR   43,50 pro Stück gekauft.

Die angeführten Werte haben wir Ihrem Depot gutgeschrieben:

Kaufabrechnung	EUR
Kurswert	8.700,00
Spesen 1 %	87,00
Mit Valuta 15.03....8 wurden EUR	8.787,00
von Ihrem Konto 1270008374 abgebucht.	

Informationen über das von Ihnen gekaufte Wertpapier:
Datum letzte Dividende   17.05....7

Irrtum vorbehalten! Grundlage sind unsere Geschäftsbedingungen. Diese Abrechnung wird nicht unterschrieben. Angefallene Kapitalertragsteuer wurde an das Finanzamt für Körperschaften, München abgeführt.

Beleg 9

1. Erklären Sie, was Aktien sind.

2. Welche Aktien wurden gekauft?

Daimler AG Namens-Aktien

3. Wie viele Aktien wurden gekauft?

200

4. Wie hoch war der Stückkurs?

43,50 €

5. Wie hoch war die Banklastschrift?

8.787,00 €

6. Wann wurden die Aktien gekauft?

7. Bilden Sie den Buchungssatz und kontieren Sie den Beleg.

2700 WP   an 4600 E 8.787,00 €

0-12

Am 15. Mai wurde eine Stückdividende von 0,50 € ausgeschüttet.
1. Bilden Sie den Buchungssatz für die Bankgutschrift der Dividendenzahlung.
2. Kontieren Sie den Geschäftsfall.

0-13

Bearbeiten Sie folgende Aufgaben zu Beleg 10 (vergleichen Sie Beleg 9 und Aufgabe 0-11):

Lechbank Augsburg

Lechbank Augsburg   86368 Gersthofen

Krönle Küchengeräte und Hotelleriebedarf e. K.
Augsburger Straße 12
86368 Gersthofen

Abrechnung Wertpapierverkauf
Kommissionsgeschäft

Auftragsnummer	**061402377**
Schlusstag	**14.09....8**
Börse	**München**
Verwahrungsart	**Girosammel**
Lagerort	

Kapitalerträge sind einkommensteuerpflichtig.

Sehr geehrter Kunde,
für Ihr Depot 484346 haben wir Stück   200,000
Daimler AG Namens-Aktien o. N.
ISIN DE 0007100000   zu EUR   62,50 pro Stück verkauft.

Die angeführten Werte haben wir Ihrem Depot entnommen:

Verkaufsabrechnung	EUR
Kurswert	12.500,00
Spesen 1 %	125,00
Mit Valuta 15.09....8 wurden EUR	12.375,00
Ihrem Konto 1270008374 gutgeschrieben.	

Informationen über das von Ihnen verkaufte Wertpapier:
Datum letzte Dividende   15.05....8

Irrtum vorbehalten! Grundlage sind unsere Geschäftsbedingungen. Diese Abrechnung wird nicht unterschrieben. Angefallene Kapitalertragsteuer wurde an das Finanzamt für Körperschaften, München abgeführt.

Beleg 10

1. Während der Besitzdauer fielen 100,00 € Depotgebühren an.
   Berechnen Sie die effektive Verzinsung der Aktien unter Berücksichtigung der Spesen.
2. Bilden Sie den Buchungssatz und kontieren Sie den Beleg.

0-14

Bearbeiten Sie nachfolgende Aufgaben zu Beleg 11.

Gehaltsliste für August 20.. (in €)						
Name	Brutto	Lohnst.	Kirchenst.	SolZ	SV-AN	Netto
Rohrmoser	3.250,00	405,00	14,65	2,15	495,60	2.332,60
Demirtas	2.500,00	389,00	17,80	12,30	340,73	1.740,17
Schumann	2.800,00	502,05	38,65	28,98	382,03	1.848,29
Tüchtig	3.000,00	280,75	0,00	0,00	474,95	2.244,30
Biberger	1.250,00	53,58	2,98	0,00	207,91	985,53
Summe	12.800,00	1.630,38	74,08	43,43	1.901,22	9.150,89

Beleg 11

1. Nennen Sie den Unterschied zwischen Lohn und Gehalt.

   Lohn: Mitarbeiter
   Gehalt: Beamte

2. Geben Sie an, in welcher Steuerklasse jeweils die folgenden Personen eingereiht sind (vergleichen Sie Conto 9 II, Seite 103):

   a) verheirateter Arbeitnehmer, der Alleinverdiener ist, _____

   b) lediger Arbeitnehmer ohne Kinder, _____

   c) verheirateter Arbeitnehmer, dessen Ehepartner in Lohnsteuerklasse III eingereiht ist. _____

3. Formulieren Sie den Geschäftsfall.

4. Bilden Sie den Buchungssatz und kontieren Sie den Beleg (SV-AG: 1.818,96 €).

0-15

Bearbeiten Sie folgende Aufgaben zu Beleg 12:

1. Nennen Sie die einzelnen Versicherungen, die zu den Sozialversicherungen gehören, die sowohl Arbeitnehmer als auch Arbeitgeber tragen.

Beleg 12

2. Nennen Sie zwei Beispiele für tariflich vereinbarte Personalzusatzkosten.

_____

_____

3. Formulieren Sie den Geschäftsfall.

_____

_____

_____

_____

4. Bilden Sie den Buchungssatz und kontieren Sie den Beleg.

0-16

Bearbeiten Sie folgende Aufgaben zu Beleg 13:

Beleg 13

1. Nennen Sie drei Risiken, die durch die gesetzliche Unfallversicherung abgesichert sind.

_____

_____

_____

2. Wer bezahlt den Beitrag zur gesetzlichen Unfallversicherung?

_____

_____

3. Formulieren Sie den Geschäftsfall.

_____

_____

4. Bilden Sie den Buchungssatz und kontieren Sie den Beleg.

0-17

Bearbeiten Sie folgende Aufgaben zu Beleg 14:

Autohaus Freundlich e. K.
Dieselstraße 10
86154 Augsburg
Telefon: 0821 912556
Telefax: 0821 912566
Neu- und Gebrauchtwagenverkauf
Lkw - Busse

Autohaus Freundlich * Dieselstraße 10 * 86154 Augsburg

Krönle Küchengeräte und
Hotelleriebedarf e. K.
Augsburger Straße 12
86368 Gersthofen

RECHNUNG
118863
Datum: 12. Mai 20..

Fabrikat::	CANVAS
Fahrgestell-Nr.:	JMBG13D200005675432999
Modellbezeichnung:	40635L
Kfz-Brief:	AB5647998
Pol.-Kennzeichen:	A-KR 7606
Schlüssel-Nr.:	19876
Typ:	406 3,0i LX
Fahrzeugart:	Transporter
Karosserie/Aufbau:	3-türig
Farbcode:	SGH4
Farbe:	MARINE BLAU
Polsterung:	ANTHRAZIT GEMUSTERT
Bereifung:	395R15 78S
Motor/ccm/KW/PS:	DIESEL/2795/098/134

FAHRZEUGPREIS	50.000,00 €
Überführung	1.000,00 €
Nettobetrag	51.000,00 €
USt.	9.690,00 €
Gesamtbetrag	60.690,00 €

Amtsgericht Augsburg HRA 1344
USt-IdNr. DE 810243520   Steuernr. 116/3902/5871
Zahlung fällig am 12. Juni 20.. rein netto
Bankverbindung: Sparkasse Augsburg (BLZ 705 543 08) Konto-Nr. 4805828401

Beleg 14

1. Der Kauf eines neuen Lieferwagens ist in diesem Fall eine Ersatzinvestition. Nennen Sie zwei weitere Arten von Investitionen.

Erweiterungsinvestition
Rationalisierungsinvestition

2. Welches Abschreibungsverfahren gibt es zur Erfassung der Wertminderung am Jahresende?

linear

3. Nennen Sie zwei Kennzeichen für dieses Abschreibungsverfahren.

4. Berechnen Sie die Höhe des monatlichen AfA-Betrages, wenn die vorraussichtliche Nutzungsdauer 6 Jahre beträgt.

5. Nennen Sie zwei betriebswirtschaftliche Auswirkungen der Abschreibung.

_____

_____

6. Nennen Sie zwei weitere Beispiele von Anschaffungsnebenkosten, die in Zusammenhang mit dem Kauf des Lieferwagens hätten anfallen können.

_____

_____

7. Formulieren Sie den Geschäftsfall.

Krönle kauft einen LKW für 50.000,00€ netto plus Überführungskosten 1000,00€ netto

8. Wie hoch sind die Anschaffungskosten von diesem Lieferwagen?

_____

9. Bilden Sie den Buchungssatz und kontieren Sie den Beleg.

0840 FP 51.000,00€   an 4400 VE 60.690,00€
2600 VORST 9.690,00€

0-18

S. 15

Sonja Krönle verkauft den alten Lkw, der einen Buchwert von 4.200,00 € hat, zu 4.879,00 € brutto gegen Barzahlung.

1. Wie nennt man das Konto, in dem der Erlös aus dem Verkauf gebrauchter Anlagegüter buchhalterisch erfasst wird?

_____

2. Stellen Sie rechnerisch fest, ob es sich um einen Buchgewinn oder Buchverlust handelt.

3. Bilden Sie die Buchungssätze und kontieren Sie den Geschäftsfall.

0-19

Bearbeiten Sie folgende Aufgaben zu Beleg 15 (vergleichen Sie auch Beleg 14):

Kontoauszug
12. Jun / 12:40 Uhr
Nummer 32   Konto 1270008374   Seite 1 / 1
Krönle Küchengeräte und Hotelleriebedarf e. K.

Bu. Tag	Wert	Bu. Nr.	Vorgang	Zusatzinformation	Betrag €
11.06.	11.06.	9990	Kreditgutschrift	(Laufzeit 10 Monate)	60.690,00 +
11.06.	11.06.	9990	Autohaus Freundlich	Re.Nr. 118863	60.690,00 -

Kontokorrentkredit   EUR 50.000,00

alter Kontostand   EUR   8.345,00 +
neuer Kontostand EUR   8.345,00 +

Bahnhofstraße 22-24
86000 Augsburg

Tel.: 0821 224455
FAX: 0821 224466

Lechbank Augsburg

Beleg 15

1. Wie nennt man die Art der Finanzierung?

2. Bilden Sie die Buchungssätze und kontieren Sie den Beleg.

0-20

Bearbeiten Sie folgende Aufgaben zu Beleg 16:

1. Formulieren Sie den Geschäftsfall.

2. Nennen Sie drei Vorteile des Leasings.

Beleg 16

3. Nennen Sie zwei Nachteile des Leasings.

4. Bilden Sie den Buchungssatz und kontieren Sie den Beleg.

0-21

Betrachten Sie die Infografik.

1. Worüber gibt die Infografik Auskunft?
2. Welche vier Gruppen leasen am häufigsten Sachanlagen?
3. Welche Sachanlage wird am häufigsten geleast?
4. Rufen Sie im Internet die URL www.leasingverband.de auf und recherchieren Sie die neuesten Zahlen zum Leasing in Deutschland.

0-22

Bearbeiten Sie folgende Aufgaben zu Beleg 17:

Discount Office GmbH
81245 München - Industriestraße 24
Tel.: 089 457759

Discount Office GmbH • 81245 München • Industriestraße 24

Krönle Küchengeräte
Hotelleriebedarf e. K.
Augsburgerstr. 12
86368 Gersthofen

Internet: www.discount-office.de
E-Mail: shop@discount-office.de
Telefon: 0800-777-333 (kostenlos)

Geschäftsführer: Anton Maier
Amtsgericht München HRB 4355
USt-IdNr. DE 8693322456
Steuernr. 112/2250/0678

18 Juli 20..

RECHNUNG
Nr.: 122/355

Ihre e-shop-Bestellung vom 17 Juli 20..

Artikel	Nr.	Stück	Einzelpreis €	Artikelbeschreibung	Gesamtpreis €
	1344	20	1,99	Kunststoffordner DIN A4 50mm	39,80
	2578	2	49,00	Toner für Kopierer C55	98,00
	6649	5	39,00	Tintenpatrone für A66	195,00
	1452	20	4,99	Allroundpapier DIN A4 80g	99,80
	2255	5	4,00	Bürolocher	20,00
				Warenwert netto	452,60
				Umsatzsteuer 19 %	85,99
				Rechnungsbetrag	**538,59**

Bankverbindung: Münchenbank Konto 114445588 - BLZ 705 600 00
Zahlung fällig am 18. August 20.. ohne Abzug

Beleg 17

1. Nennen Sie zwei Merkmale von Kleingütern.

2. Bei welchen Artikeln handelt es sich um Kleingüter (mit Begründung)?

3. Wie wird eine Wertminderung von Kleingütern buchhalterisch erfasst?

4. Formulieren Sie den Geschäftsfall.

5. Bilden Sie den Buchungssatz und kontieren Sie den Beleg.

O-23

Bearbeiten Sie folgende Aufgaben zu Beleg 18:

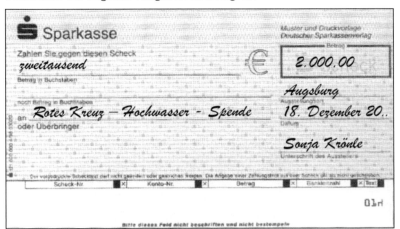

Beleg 18

1. Formulieren Sie den Geschäftsfall.

2. Bilden Sie den Buchungssatz und kontieren Sie den Beleg.

O-24

Bearbeiten Sie folgende Aufgaben zu Beleg 19:

Beleg 19

1. Erklären Sie, welche Aufgaben ein Rechtsanwalt hat.

2. Formulieren Sie den Geschäftsfall.

3. Bilden Sie den Buchungssatz und kontieren Sie den Beleg.

0-25

Bearbeiten Sie folgende Aufgaben zu Beleg 20:

Beleg 20

1. Um welche Art von Gebühr handelt es sich hierbei?

2. Formulieren Sie den Geschäftsfall.

3. Bilden Sie den Buchungssatz und kontieren Sie den Beleg.

0-26

Bearbeiten Sie folgende Aufgaben zu Beleg 21:

Beleg 21

1. Welche Art von Steuer fällt hier an?

_____

_____

2. Nennen Sie zwei weitere betriebliche Steuern, die im Unternehmen Krönle anfallen.

_____

_____

_____

_____

3. Formulieren Sie den Geschäftsfall.

_____

_____

_____

_____

4. Bilden Sie den Buchungssatz und kontieren Sie den Beleg.

0-27

Betrachten Sie die Infografik.

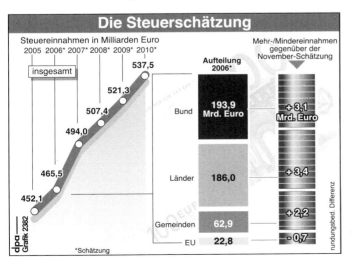

1. Worüber gibt die Infografik Auskunft?

_____

_____

_____

_____

_____

_____

2. Woher stammen die Daten zur Infografik?

3. Berechnen Sie den prozentualen Anteil des Bundes am gesamten Steueraufkommen im Jahre 2005.

4. Berechnen Sie den Anstieg der erwarteten Steuereinnahmen von 2001 bis 2010 in %.

0-28

Bearbeiten Sie folgende Aufgaben zu Beleg 22:

1. Um welche Art von Anlagegütern handelt es sich hier?

Kommunikation Maier e. Kfm.

81245 München
Industriestraße 24
Tel.: 089 457759

Krönle Küchengeräte
Hotelleriebedarf e. K.
Augsburger Straße 12
86368 Gersthofen

20. September 20..

RECHNUNG
Nr.: 243/45/567

Art.-Nr.	Stück	Einzelpreis €	Gegenstand	Gesamtpreis €
1180	1	2.875,00	PC-Kompaktsystem	2.875,00
0000		225,00	Installation PC-System	225,00
0580	1	340,00	PC-Tisch	340,00
6581	10	19,95	Kopier- und Druckerpapier	199,50
			Warenwert netto	3.639,50
			+ 19 % Umsatzsteuer	691,51
			Rechnungsbetrag	**4.331,01**

Die Ware bleibt bis zur endgültigen Bezahlung unser Eigentum.
Zahlung fällig am 20. November 20.. ohne Abzug

Amtsgericht München HRA 3258
Bankverbindung: München-Bank Konto 788 443 - BLZ 655 800 00
USt-IdNr. DE 843002245 Steuernr. 123/3406/6871

Beleg 22

2. Nennen Sie jeweils zwei Merkmale für diese Art von Anlagegütern.

3. Erstellen Sie eine Skizze, um die drei Arten von Anlagegütern anhand ihres Nettoanschaffungswertes darzustellen.

4. Welche Besonderheit ist bei dieser Art von Anlagegütern bei der Erfassung der Wertminderung am Jahresende jeweils zu berücksichtigen?

5. Formulieren Sie den Geschäftsfall.

6. Bilden Sie den Buchungssatz und kontieren Sie den Beleg.

0-29

Bearbeiten Sie folgende Aufgaben zu Beleg 23 (Der Beleg ist von einer Geschäftsreise.):

```
Deutsche Bahn [DB]                FAHRSCHEIN    1 Erwachsene(r)
                                                -- Kinder
ICE HIN- UND RUECKFAHRT
Gültig ab    Hinf. bis    Rückf. bis   Rückf. ab
21.09.20..   20.10.20..   20.10.20..   21.09.20..
             VON          → NACH                              Kl/CL
30 Tage                                        30 Tage
             Augsburg Hbf → München Hbf                         2
             München Hbf  → Augsburg Hbf
über:                     Fahrscheine mit einmonatiger Geltungsdauer gültig
(ICE:N*M)                 zu einer Hin- und Rückfahrt, längstens 4 Tage je
                          Fahrtrichtung

Erm 50,0 % BC(B)                              Preis € *** 64,26

                 MWST D: *** 54,00  19,0 % = ***10,26
93262965                                  222497065 Augsburg Hbf  00
                        BARZAHLUNG        16.09.20..              13:11
```

Beleg 23

1. Nennen Sie drei Gründe, weshalb es zu Geschäftsreisen kommt.

2. Formulieren Sie den Geschäftsfall.

3. Bilden Sie den Buchungssatz und kontieren Sie den Beleg.

0-30

Bearbeiten Sie folgende Aufgaben zu Beleg 24:

Industrie-Verlag AG
86365 Augsburg - Dieselstraße 22
Tel.: 0821 442612

Industrie-Verlag AG • 86365 Augsburg • Dieselstraße 22

Krönle Küchengeräte
Hotelleriebedarf e. K.
Augsburger Straße 12

86368 Gersthofen

Internet: www.industrie-verlag.de
E-Mail: abo@industrie-verlag.de
Telefon: 0821 442612

Vorstand: Dr. Hans Miller
Aufsichtsratsvorsitz: Dr. Werner Hackl
Amtsgericht Augsburg HRB 1537
USt-IdNr. DE 811026749
Steuernr. 127/8197/6554

30. Oktober 20..

RECHNUNG Nr.: 1255588

Artikel	Nr.	Stück	Einzelpreis €	Artikelbeschreibung	Gesamtpreis €
	2234	2	24,00	Der Hotelführer	48,00
	2236	2	60,00	Fachbuch Küchengeräte	120,00
				Warenwert netto	168,00
				Umsatzsteuer 7 %	11,76
				Rechnungsbetrag	**179,76**

Bankverbindung: Privatbank Augsburg Konto 233 455 666 - BLZ 650 756 00
Zahlung fällig am 30. November 20.. ohne Abzug

Beleg 24

1. Formulieren Sie den Geschäftsfall.

_____

_____

_____

_____

2. Was ist bei Druckerzeugnissen hinsichtlich des Umsatzsteuersatzes zu berücksichtigen?

_____

_____

_____

_____

_____

3. Bilden Sie den Buchungssatz und kontieren Sie den Beleg.

0-31

Beleg 25

Sonja Krönle muss für den Monat Dezember die Umsatzsteuer-Voranmeldung durchführen. Folgende Zahlungen liegen der Buchhaltung vor:
Umsätze 48.300,00 € netto bei einem Steuersatz von 19 %, abziehbare Vorsteuerbeträge 6.262,52 €

1. Erstellen Sie die Abrechnung für die Umsatzsteuerzahllast, um zu überprüfen, ob Sonja Krönle richtig gerechnet hat (siehe Beleg 25).

2. Bilden Sie den Buchungssatz für die Ermittlung der Zahllast.

3. Bis zu welchem Tag muss die Umsatzsteuerzahllast spätestens beglichen sein?

4. Formulieren Sie den Geschäftsfall zu Beleg 25.

5. Bilden Sie den Buchungssatz zu Beleg 25 und kontieren Sie beide Buchungen.

S. 22

0-32

Bearbeiten Sie folgende Aufgaben zu Beleg 26:

> **Bekanntmachung in gerichtlichen Verfahren**
> **Insolvenzverfahren**
> **Bezirk des OLG München**
>
> 2105 IN 783//06. In dem Verbraucherinsolvenzverfahren über das Vermögen von **Lisa Lustig,** Hauptstr. 19, **86258 Lichtenfels,** findet mit Zustimmung des Gerichts die Schlussverteilung statt. Verfügbar sind 0,00 € Verteilungsmasse. Zu berücksichtigen sind 45.786,00 € Forderungen [...]

Beleg 26

1. Erklären Sie die rechtliche Bedeutung dieser Mitteilung.

2. Erklären Sie den Ausdruck „Verbraucherinsolvenzverfahren".

3. Erklären Sie den Unterschied zwischen einer einwandfreien und einer zweifelhaften Forderung.

4. Sonja Krönle hatte bisher vom Verbraucherinsolvenzverfahren der Kundin Lisa Lustig keine Kenntnis. Das Debitorenkonto bei Lisa Lustig weist einen Saldo von 1.508,00 € auf.
Bilden Sie den Buchungssatz und kontieren Sie den Beleg.

0-33

S. 22

Bearbeiten Sie folgende Aufgaben zu Beleg 27.

Überweisungsauftrag an **790 550 00**
Lechbank Augsburg

Empfänger: FINANZAMT AUGSBURG
Konto-Nr. des Empfängers: 1234560098
Bankleitzahl: 79055000
bei (Kreditinstitut): LECHBANK AUGSBURG
Betrag: EUR 584,00
Kunden-Referenznummer: KFZ-STEUER PRIVATAUTO
Kontoinhaber: KRÖNLE
Konto-Nr. des Kontoinhabers: 1270008374   20
0000058734
Datum/Unterschrift: 1. Dez. 20.. Sonja Krönle

Beleg 27

1. Formulieren Sie den Geschäftsfall.

2. Bilden Sie den Buchungssatz und kontieren Sie den Beleg.

0-34

Bearbeiten Sie folgende Aufgaben zum Vorkontierungsblatt.

Beleg Nr.	BA	Datum	Soll	Haben	BNR	B/N	Betrag in (€)	UCo
28.	B	01.12.	2400	5100	28	B	20.706,00	U
29.	B	02.12.	2880	5400	29	B	7.735,00	U
30.	B	03.12.	4200	2800	30		50.000,00	
31.	B	04.12.	2800	5710	31		5.000,00	
32.	B	05.12.	2800	5495	32	B	7.497,00	U
33.	B	06.12.	2800	2400	33		6.032,00	
34.	B	07.12.	4400	2800	34		16.936,00	
35.	B	08.12.	2400	5000	35	B	29.750,00	U

1. Formulieren Sie die Geschäftsfälle.
2. Kontieren Sie die Buchungen auch im FiBu-Programm.

I Periodenrichtige Erfolgsermittlung

I-1

Bearbeiten Sie die Aufgaben zu den Kontoauszügen:

Kontoauszug
30. Dezember / 08:42 Uhr
Nummer 228 Konto 1270008374 Seite 1 / 1
Krönle Küchengeräte und Hotelleriebedarf e. K.

Bu. Tag	Wert	Bu. Nr.	Vorgang	Zusatzinformation	Betrag €
29.12.	29.12.	9966	Lagermiete	für Januar bis März	1.785,00 +
30.12.	30.12.	9966	Fachzeitschrift	für Januar bis Mai	53,50 -

Kontokorrentkredit EUR 50.000,00

alter Kontostand EUR 10.450,00 +
neuer Kontostand EUR 12.181,50 +

Bahnhofstraße 22-24
86000 Augsburg

Tel.: 0821 224455
FAX: 0821 224466

Lechbank Augsburg

1. Formulieren Sie die Geschäftsfälle.
   a) Wertstellung 29.12.
   b) Wertstellung 30.12.
   c) Wertstellung 03.01.
   d) Wertstellung 04.01.

Kontoauszug
05. Januar / 08:42 Uhr
Nummer 1 Konto 1270008374 Seite 1 / 1
Krönle Küchengeräte und Hotelleriebedarf e. K.

Bu. Tag	Wert	Bu. Nr.	Vorgang	Zusatzinformation	Betrag €
03.01.	03.01.	9966	Guthabenzinsen	für Festgeld von November bis Januar	300,00 +
04.01.	04.01.	9966	Leasingrate	für Dezember und Januar	1.190,00 -

Kontokorrentkredit EUR 50.000,00

alter Kontostand EUR 10.124,00 +
neuer Kontostand EUR 9.234,00 +

Bahnhofstraße 22-24
86000 Augsburg

Tel.: 0821 224455
FAX: 0821 224466

Lechbank Augsburg

2. Bilden Sie die Buchungssätze zu den Geschäftsfällen des Beleges vom 30. Dezember.
   a) Wertstellung 29.12.
   b) Wertstellung 30.12.

3. Welche Besonderheit fällt Ihnen bei diesen Geschäftsfällen auf?

I-2

Bearbeiten Sie folgende Aufgaben:

1. Nennen Sie die beiden Bestandteile des Jahresabschlusses.

2. Erklären Sie die Bedeutung des GuV-Kontos.

3. Was ist im Rahmen der periodenrichtigen Erfolgsermittlung zu tun?

4. Nennen Sie zwei Gründe für die periodenrichtige Erfolgsermittlung zum 31. Dezember.

I-3

Gemäß Mietvertrag zahlt ein Mieter von Krönle die Garagenmiete für Januar und Februar in Höhe von 120,00 € netto im Voraus zum 23. Dezember.

1. Zeichnen Sie zu diesem Geschäftsfall im Rahmen der periodenrichtigen Erfolgsermittlung zum 31. Dezember eine Zeitgerade und tragen Sie ein
   a) um welches Erfolgskonto es sich handelt,
   b) wann die Zahlung erfolgt,
   c) in welches Geschäftsjahr der Erfolg wirtschaftlich zugeordnet werden muss,
   d) welcher Betrag berichtigt werden muss.
2. Bilden Sie die anfallenden Buchungen
   a) bei Zahlung,
   b) zum 31. Dezember 03,
   c) zum 1. Januar 04.

I-4

Im Rahmen der periodenrichtigen Erfolgsermittlung sind folgende Aufgaben zu bearbeiten:

1. Gemäß Mietvertrag zahlt ein Mieter von Krönle die Garagenmiete für Dezember bis Februar des nächsten Jahres in Höhe von 150,00 € netto bereits am 1. Dezember im Voraus.
   a) Zeichnen Sie eine Zeitgerade und tragen Sie die erforderlichen Daten ein.
   b) Bilden Sie den Buchungssatz bei Zahlung.
   c) Bilden Sie den Buchungssatz zum 31. Dezember 03.
   d) Bilden Sie den Buchungssatz zum 1. Januar 04.
2. Krönle erhält die Guthabenzinsen in Höhe von 300,00 € für das 1. Quartal des nächsten Jahres bereits am 20. Dezember auf dem Geschäftsbankkonto gutgeschrieben.
   a) Zeichnen Sie eine Zeitgerade und tragen Sie die erforderlichen Daten ein.
   b) Bilden Sie den Buchungssatz bei Zahlung.
   c) Bilden Sie den Buchungssatz zum 31. Dezember 03
   d) Bilden Sie den Buchungssatz zum 1. Januar 04.

a) Einnahme 150,00 €

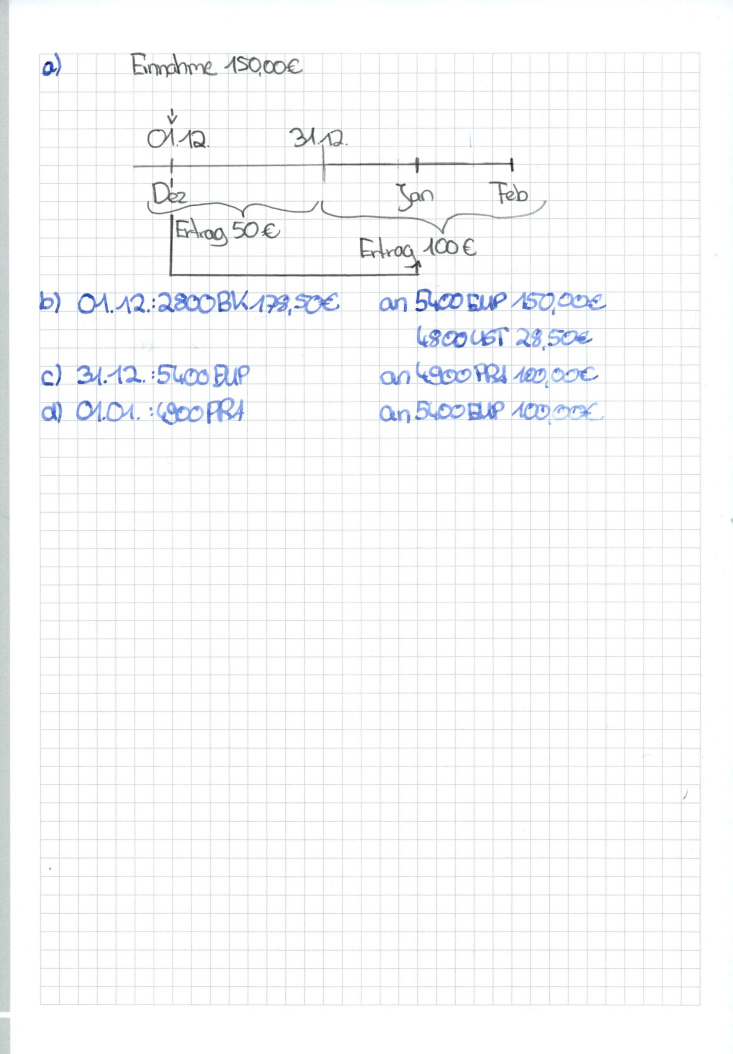

b) 01.12.: 2800 BK 178,50 €   an 5400 EUP 150,00 €
                                      4800 USt 28,50 €

c) 31.12.: 5400 EUP   an 4900 PRA 100,00 €

d) 01.01.: 4900 PRA   an 5400 EUP 100,00 €

I-5

Im Rahmen der periodenrichtigen Erfolgsermittlung sind folgende Aufgaben zu bearbeiten:

1. Die Bank bucht gemäß dem Kreditvertrag die halbjährlichen Darlehenszinsen in Höhe von 2.600,00 € für das erste Halbjahr im Voraus am 30. Dezember 03 vom Geschäftsbankkonto ab.
   a) Zeichnen Sie eine Zeitgerade und tragen Sie die erforderlichen Daten ein.
   b) Bilden Sie den Buchungssatz bei Zahlung.
   c) Bilden Sie den Buchungssatz zum 31. Dezember 03.
   d) Bilden Sie den Buchungssatz zum 1. Januar 04.

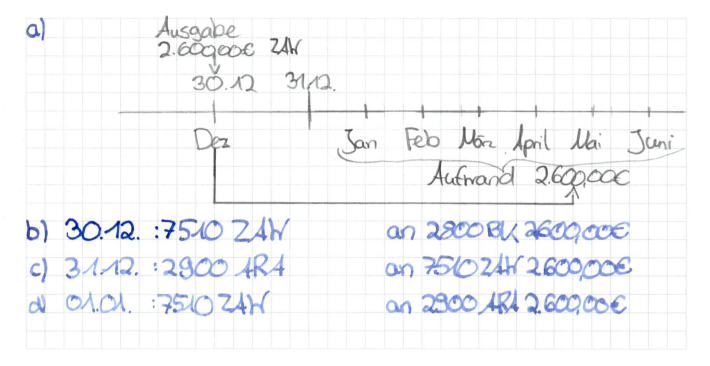

2. Die Feuerversicherungsprämie von 1.440,00 € wurde am 27. Dezember für das nächste Jahr im Voraus bezahlt.
   a) Zeichnen Sie eine Zeitgerade und tragen Sie die erforderlichen Daten ein.
   b) Bilden Sie den Buchungssatz bei Zahlung.
   c) Bilden Sie den Buchungssatz zum 31. Dezember 03.
   d) Bilden Sie den Buchungssatz zum 1. Januar 04.

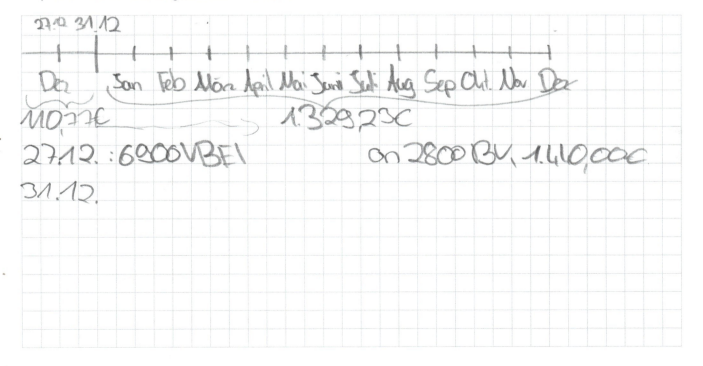

3. Die Kfz-Steuer für die Firmen-Lkws in Höhe von 2.400,00 € wurde am 1. Dezember für das nächste Jahr im Voraus überwiesen.
   a) Zeichnen Sie eine Zeitgerade und tragen Sie die erforderlichen Daten ein.
   b) Bilden Sie den Buchungssatz bei Zahlung.
   c) Bilden Sie den Buchungssatz zum 31. Dezember 03.
   d) Bilden Sie den Buchungssatz zum 1. Januar 04.

I-6

Im Rahmen der periodenrichtigen Erfolgsermittlung sind folgende Aufgaben zu bearbeiten:
1. Krönle begleicht die Pachtzahlung für den Lagerplatz in Höhe von 7.140,00 € brutto durch Banküberweisung für Oktober bis September laut dem Pachtvertrag jährlich im Voraus am 1. Oktober.
   a) Zeichnen Sie eine Zeitgerade und tragen Sie die erforderlichen Daten ein.
   b) Bilden Sie den Buchungssatz bei Zahlung.
   c) Bilden Sie den Buchungssatz zum 31. Dezember 03.
   d) Bilden Sie den Buchungssatz zum 1. Januar 04.

2. Die Bank bucht gemäß dem Kreditvertrag die halbjährlichen Darlehenszinsen in Höhe von 1.380,00 € für die Zeit vom Oktober bis März am 1. Oktober im Voraus vom Geschäftsbankkonto ab.
   a) Zeichnen Sie eine Zeitgerade und tragen Sie die erforderlichen Daten ein.
   b) Bilden Sie den Buchungssatz bei Zahlung.
   c) Bilden Sie den Buchungssatz zum 31. Dezember 03.
   d) Bilden Sie den Buchungssatz zum 1. Januar 04.

3. Gemäß Leasingvertrag für die Telefonanlage zahlt Krönle die Leasinggebühr für November bis Januar in Höhe von 225,00 € netto am 1. November im Voraus durch Banküberweisung.
   a) Zeichnen Sie eine Zeitgerade und tragen Sie die erforderlichen Daten ein.
   b) Bilden Sie den Buchungssatz bei Zahlung.
   c) Bilden Sie den Buchungssatz zum 31. Dezember 03.
   d) Bilden Sie den Buchungssatz zum 1. Januar 04.

I-7

Im Rahmen der periodenrichtigen Erfolgsermittlung sind folgende Aufgaben zu bearbeiten:

1. Krönle erhält eine Zinsgutschrift in Höhe von 900,00 € für die Monate Oktober bis März nachträglich erst am 15. Januar durch Banküberweisung.
   a) Zeichnen Sie eine Zeitgerade und tragen Sie die erforderlichen Daten ein.
   b) Bilden Sie den Buchungssatz zum 31. Dezember 03.
   c) Bilden Sie den Buchungssatz zum 1. Januar 04.
   d) Bilden Sie den Buchungssatz bei Zahlung.

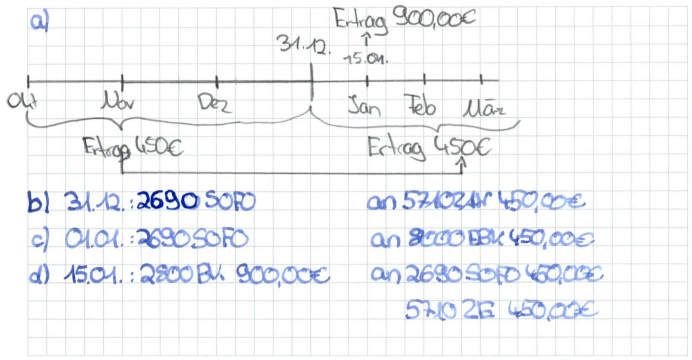

2. Die Zinsen für ein Festgeld in Höhe von 2.400,00 € werden für die Zeit vom
   1. Oktober 03 bis 31. September 04 am 1. November 04 im Nachhinein dem Geschäftsbankkonto gutgeschrieben.
   a) Zeichnen Sie eine Zeitgerade und tragen Sie die erforderlichen Daten ein.
   b) Bilden Sie den Buchungssatz zum 31. Dezember 03.
   c) Bilden Sie den Buchungssatz zum 1. Januar 04.
   d) Bilden Sie den Buchungssatz bei Zahlung.

I-8

Im Rahmen der periodenrichtigen Erfolgsermittlung liegen folgende Geschäftsfälle vor:

1. Krönle hat ein Darlehen über 150.000,00 € zu einem Zinssatz von 6 % aufgenommen. Laut Kreditvertrag sind die Zinsen jährlich im Nachhinein für September bis August am 31. August zu bezahlen.
2. Gemäß Mietvertrag zahlt ein Mieter von Krönle die Garagenmiete für Dezember bis Februar des nächsten Jahres in Höhe von 120,00 € netto bereits am 1. Dezember im Voraus.
3. Die Grundsteuer für das Betriebsgebäude ist am 1. April für ein Jahr (April bis März) im Nachhinein zu bezahlen. Krönle überweist 480,00 € an das Finanzamt.
4. Krönle erhält die Guthabenzinsen in Höhe von 300,00 € für das 1. Quartal des nächsten Jahres bereits am 20. Dezember auf dem Geschäftsbankkonto gutgeschrieben.
5. Der Handelskammerbeitrag von 75,00 € für die Monate November, Dezember und Januar wird erst am 15. Januar durch Banküberweisung beglichen.
6. Die Leasinggebühren für das Quartal von Dezember bis Februar in Höhe von 2.142,00 € brutto werden laut Leasingvertrag im Nachhinein überwiesen.
7. Eine Zinsgutschrift in Höhe von 850,00 € für das abgelaufene Jahr ist noch nicht erfolgt.

Bearbeiten Sie zu jedem Geschäftsfall die folgenden Aufgaben:
a) Zeichnen Sie eine Zeitgerade und tragen Sie die erforderlichen Daten ein.
b) Bilden Sie den Buchungssatz zum 31. Dezember 03.
c) Bilden Sie den Buchungssatz zum 1. Januar 04.
d) Bilden Sie den Buchungssatz bei Zahlung.

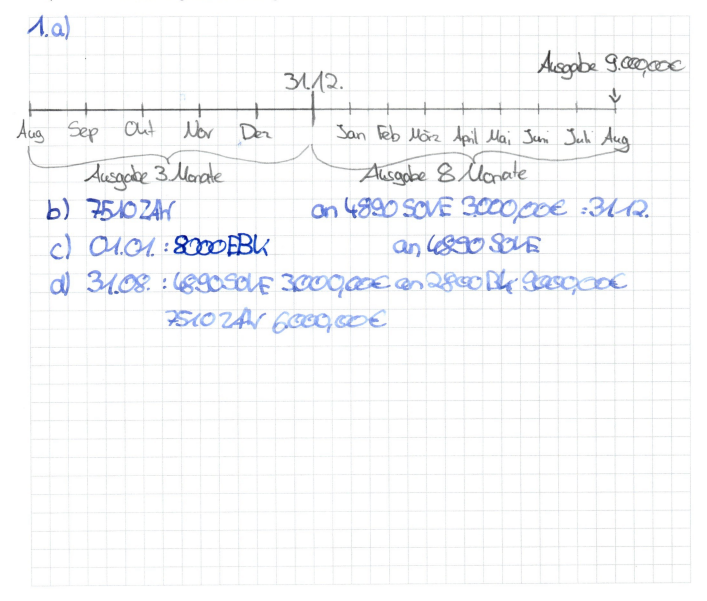

S. 38 **I-9**

Bearbeiten Sie folgende Aufgaben:
1. Welche Vorgänge müssen zeitlich abgegrenzt werden?
2. Aus welchen zwei Gründen muss eine genaue periodenrichtige Erfolgsermittlung stattfinden?
3. Man unterscheidet bei der zeitlichen Abgrenzung vier Fälle. Nennen Sie die vier Fälle und die dazugehörenden Konten.
4. Was haben Sonstige Forderungen und Sonstige Verbindlichkeiten gemeinsam?
5. Wodurch unterscheiden sich Sonstige Forderungen und Sonstige Verbindlichkeiten?
6. Was haben Aktive und Passive Rechnungsabgrenzungen gemeinsam?
7. Wodurch unterscheiden sich Aktive und Passive Rechnungsabgrenzungen?
8. Nennen Sie zu jedem der vier Abgrenzungsfälle einen Geschäftsfall.
9. Wann werden Sonstige Forderungen und Sonstige Verbindlichkeiten ausgeglichen?
10. Wann wird eine Aktive und Passive Rechnungsabgrenzung aufgelöst?

I-10

Bearbeiten Sie folgende Aufgaben zum Beleg:

Finanzamt Augsburg Zentral 86150 Augsburg   25. Mai 20..
Kfz-Steuer   Prinzregentenplatz 2
Kraftfahrzeugsteuernummer   Telefon 0821 506-01   Zimmer 113
A-KR 701/1   Telefax 0821 506-01
(Bitte stets bei Rückfragen angeben)

Finanzkasse Augsburg-Stadt

Telefon 0821 506-7743
Zimmer 112

B01 - 002214   96-03-29   1,10

Bescheid
über
Kraftfahrzeugsteuer

Krönle Küchengeräte und
Hotelleriebedarf e. K.
Augsburger Straße 12
86368 Gersthofen

Festsetzung
Die Steuer wird für das Fahrzeug mit dem amtlichen Kennzeichen
A-KR 7606 festgesetzt:
für die Zeit ab 1. Mai
jährlich . . . .

	Kraftfahrzeugsteuer €
jährlich	636,00
Zahlungsaufforderung Steuer für die Zeit vom **1. Mai bis 30. April**	636,00
Bitte zahlen Sie spätestens am 29. Mai 20..	636,00
und künftig jährlich spätestens am 1. Mai	636,00

Erläuterungen
Bemessungsgrundlagen: Fahrzeugart LKW, Hubraum 2795 cm^3
Antriebsart: Diesel, Tag der Erstzulassung: 20. Mai
Steuersatz ab 20. Mai 23,06 € je angefangene 100 cm^3.
Der LKW ist ab 20. Mai anerkannt als schadstoffarm nach EURO-1.

Bitte teilen Sie für spätere Erstattungen Ihre Bankverbindung schriftlich mit.

Form.Nr. 008490 G   / 005149   - Fortsetzung nächste Seite -   Rt. 1.03.96 GrESt00
Beträge in €. Negative   Sprechstunden: Das Finanzamt hat folgende Konten:
Beträge sind durch ein   Di. - Fr. 8:00-12:00 Uhr Konto-Nr.   Kreditinstitut: BLZ:
Minuszeichen gekennzeichnet Montags geschlossen   700001513   LZB München   700 000 00
                                                   4300642556 Lechbank Augsburg   790 550 99
                          Telefax: 0821 506-250

---

1. Formulieren Sie den Geschäftsfall.

2. Bilden Sie den Buchungssatz zu nebenstehendem Beleg.

3. Bilden Sie die vorbereitende Abschlussbuchung zum 31. Dezember.

4. Bilden Sie die Buchungssätze zum 1. Januar.

I-11

Bearbeiten Sie folgende Aufträge zum Beleg:

1. Bilden Sie die Buchungssätze zur Wertstellung am
   a) 18.12.
   b) 19.12.
   c) 20.12.
   d) 21.12.

2. Bilden Sie die jeweiligen Buchungssätze für die Vorgänge a) bis d) zum 31. Dezember.

3. Bilden Sie zum 1. Januar die Buchungssätze zu den jeweiligen Geschäftsfällen.

I-12

Bearbeiten Sie folgende Aufträge zum Beleg:

1. Bilden Sie die Buchungssätze zur Wertstellung am
   a) 02.01.
   b) 03.01.
   c) 04.01.
2. Bilden Sie die Buchungssätze zu a) bis c) unter Berücksichtigung der Abgrenzungsbuchungen zum 31. Dezember.

Kontoauszug
05. Januar / 09:14 Uhr

Nummer 1   Konto 1270008374   Seite 1 / 1
Krönle Küchengeräte und Hotelleriebedarf e. K.

Bu. Tag	Wert	Bu. Nr.	Vorgang	Zusatzinformation	Betrag €
02.01.	02.01	9966	Darlehenszinsen	für Oktober bis Januar	1.400,00 -
03.01.	03.01.	9966	Leasingrate	für November und Januar	714,00 -
04.01.	04.01.	9966	Guthabenzinsen	für September bis Februar	720,00 +

Kontokorrentkredit   EUR 50.000,00

alter Kontostand   EUR   8.220,00 +
neuer Kontostand EUR   6.826,00 +

Bahnhofstraße 22-24
86000 Augsburg

Tel.: 0821 224455
FAX: 0821 224466

Lechbank Augsburg

I-13

Bearbeiten Sie folgende Aufträge zum Beleg:

Online-Mitteilung	Nummer 3	Konto 1270008374
31. Oktober / 18:43 Uhr	Krönle Küchengeräte und Hotelleriebedarf	Online-Konto
Datum	Vorgang	Betrag
31. Oktober 20..	9055 Steueramt Stadt Gersthofen Aktenzeichen 01-0100345678-01 Grundsteuer für Nov./Dez. 2007, Jan. 2008	540,00 –
Kontokorrentkredit EUR 50.000,00	alter Kontostand EUR 16.421,85 + neuer Kontostand EUR 15.881,85 +	

1. Formulieren Sie den Geschäftsfall.
2. Bilden Sie den Buchungssatz zum vorliegenden Beleg.
3. Bilden Sie die vorbereitende Abschlussbuchung zum 31. Dezember.
4. Bilden Sie die Buchung zum 1. Januar.

I-14

Bilden Sie zu den Geschäftsfällen die Buchungssätze zum 31. Dezember zur periodenrichtigen Erfolgsermittlung.

1. Am 15.12. wurde eine Abschlagszahlung (Strom) in Höhe von 2.500,00 € für Januar an die Stadtwerke Augsburg geleistet.

2. Die Leasinggebühr für die EDV-Anlage in Höhe von 4.000,00 € netto für die Monate Dezember und Januar ist laut Vertrag erst am 31. Januar fällig.

3. Einem Kunden von Krönle wurde ein Darlehen in Höhe von 24.000,00 € zu einem Zinssatz von 8,00 % gewährt. Er hat die Halbjahreszinsen für Oktober bis März am 18. Dezember auf das Geschäftsbankkonto von Krönle überwiesen.

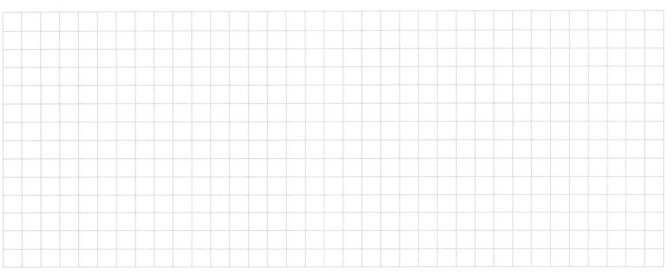

4. Das Finanzamt hat am 1. Oktober die Kfz-Steuer für einen Lieferwagen in Höhe von 1.200,00 € für ein Jahr im Voraus abgebucht.

5. Krönle erhält am 31. Mai 04 nachträglich 1.800,00 € Halbjahreszinsen (Dezember bis Mai) für ein Festgeld auf das Geschäftsbankkonto überwiesen.

6. Krönle überweist die Feuerversicherungsprämie für das Betriebsgebäude in Höhe von 450,00 € für das kommende Jahr bereits am 20. Dezember.

7. Krönle überweist am 1. November 3.000,00 € Zinsen für ein Darlehen für ein halbes Jahr im Voraus.

8. Krönle hat laut Vertrag die jährlichen Darlehenszinsen (Darlehen 50.000,00 € zu 6,00 % Laufzeit 5 Jahre) am 31. März nachträglich zu bezahlen.

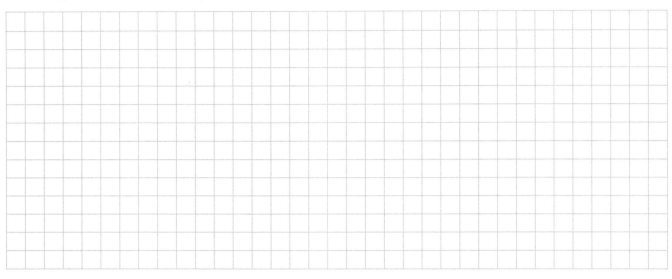

9. Ein Mieter überweist gemäß Mietvertrag am 1. Dezember die Lagerhallenmiete in Höhe von 4.500,00 € netto vierteljährlich im Voraus.

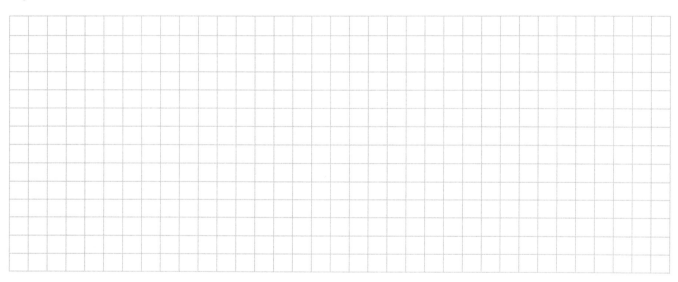

10. Die Grundsteuer für einen Lagerplatz in Höhe von 420,00 € wurde am 1. September für ein Jahr im Voraus bezahlt.

I-15

Bearbeiten Sie folgende Arbeitsaufträge zum Beleg vom 30. Juli 03:

Industrie-Verlag AG
86365 Augsburg - Dieselstraße 22
Tel.: 0821 442612

Industrie-Verlag AG • 86365 Augsburg • Dieselstraße 22

Krönle Küchengeräte
Hotelleriebedarf e. K.
Augsburger Straße 12
86368 Gersthofen

Internet: www.industrie-verlag.de
E-Mail: abo@industrie-verlag.de
Telefon: 0821 442612

Vorstand: Dr. Hans Miller
Aufsichtsratsvorsitz: Dr. Werner Hackl
Amtsgericht Augsburg HRB 1537
USt-IdNr: DE128755437
Steuer-Nr.: 547/65498

30. Juli 20..

RECHNUNG   Nr.: 1255588

Artikel	Nr.	Stück	Einzelpreis €	Artikelbeschreibung	Gesamtpreis €
	2234	12	14,00	Der Hotelführer – Jahresabonnement **(August bis Juli)**	168,00
				Warenwert netto	168,00
				Umsatzsteuer 7 %	11,76
				Rechnungsbetrag	**179,76**

Bankverbindung: Privatbank Augsburg Konto 233 455 666- BLZ 650 756 00

Zahlung fällig am 30. August 20.. ohne Abzug

1. Formulieren Sie den Geschäftsfall.

2. Bilden Sie den Buchungssatz zum Beleg.

3. Bilden Sie den Buchungssatz zum 31. Dezember 03.

4. Bilden Sie den Buchungssatz zum 1. Januar 04.

I-16

Formulieren Sie die Geschäftsfälle zu folgenden Buchungssätzen:

1. 2900 ARA		an 6900 VBEI	300,00 €
2. 5400 EMP		an 4900 PRA	500,00 €
3. 2800 BK	1.500,00 €	an 5710 ZE	1.000,00 €
		2690 SOFO	500,00 €
4. 6710 LS	500,00 €		
2600 VORST	80,00 €	an 4890 SOVE	580,00 €
5. 2900 ARA		an 6700 AWMP	600,00 €
6. 4900 PRA		an 5400 EMP	1.500,00 €
7. 4890 SOVE	300,00 €		
6710 LS	600,00 €		
2600 VORST	96,00 €	an 2800 BK	1.044,00 €
8. 2690 SOFO		an 5710 ZE	200,00 €
9. 2800 BK	300,00 €	an 2690 SOFO	200,00 €
		5710 ZE	100,00 €

I-17

Bearbeiten Sie folgende Aufgaben zum Beleg:
1. Formulieren Sie den Geschäftsfall.

2. Bilden Sie den Buchungssatz zum Beleg.

Stadt Gersthofen

Steueramt
Rathausplatz
86368 Gersthofen
Telefon 0821 2491-307
Telefax 0821 2491-314

Stadtverwaltung Gersthofen • Rathausplatz 1 - 86368 Gersthofem

Krönle Küchengeräte und
Hotelleriebedarf e. K.
Augsburger Straße 12
86368 Gersthofen

Gewerbesteuer-
veranlagungsbescheid

Betriebsstätte:

Erhebungszeitraum: **20..**
Aktenzeichen: Kr01

Konto-Nr. (bitte stets mit angeben)	Datum	Seite
01-0100345678-01	01.11.20..	1

Berechnungsgrundlage für die Veranlagung			
Messbetrag	€	125,00	
Hebesatz 360 %			
Steuerbetrag (abgerundet)	€	450,00	
Vorauszahlung	fällig am:	30. 12. 20..	€ 450,00

Kontoauszug und Zahlungsanforderung siehe letzte Bescheidseite !

Sprechzeiten:
Montag – Freitag 08:00 – 12:00 Uhr
Montag 13:00 – 18:00 Uhr
Donnerstag 13:00 – 16:30 Uhr

Bankverbindungen:
Kreisbank Augsburg
Kto.-Nr. 175 216 BLZ 720 501 01
Genossenkasse Gersthofen
Kto.-Nr. 22 004 BLZ 720 690 81

3. Bilden Sie die vorbereitende Abschlussbuchung zum 31. Dezember.

4. Bilden Sie den Buchungssatz zum 1. Januar.

I-18
S. 44

Bearbeiten Sie folgende Arbeitsaufträge zum Geschäftsbrief:

1. Lesen Sie § 249 (1) HGB und geben Sie an, in welchen Fällen eine Rückstellung gebildet werden darf.

Dr. Thomas Griessinger
Rechtsanwalt und Notar

86179 Augsburg
Martinstraße 28

Krönle Küchengeräte und
Hotelleriebedarf e. K.
Augsburger Straße 12
86368 Gersthofen

20. November 20..

Kostenvoranschlag

Nr. 6500/88
Streitwert 50.000,00 €

Sehr geehrte Frau Krönle,

für den laufenden Gewährleistungsprozess gegen Ihren Kunden Unrecht, werden Ihnen Anwaltskosten in Höhe von voraussichtlich 9.800,00 €, netto in Rechnung gestellt.

Mit freundlichen Grüßen

Dr. Thomas Griessinger

Überweisung bis zum 4. Dezember 20.. auf mein Konto 22-23 45 66 bei der Rechtsbank München (BLZ 788 500 00).
USt-IdNr. 621369120 Steuernr. 116/2340/9211

2. Begründen Sie, weshalb im Zusammenhang mit dem Geschäftsbrief ein sogenanntes schwebendes Geschäft vorliegt.

3. Nennen Sie zwei Gemeinsamkeiten und zwei Unterschiede von Sonstigen Verbindlichkeiten und Rückstellungen.

I-19
S. 44

Bearbeiten Sie folgende Aufgaben:
1. Nennen Sie zwei Gemeinsamkeiten und zwei Unterschiede von Sonstigen Verbindlichkeiten und Rückstellungen.
2. Nennen Sie zwei Gründe für das Bilden von Rückstellungen.
3. Erklären Sie, weshalb Rückstellungen steuerrechtlich streng behandelt werden.
4. Wie wird im Zusammenhang mit Rückstellungen die Umsatzsteuer behandelt?

I-20

Bilden Sie die VAB zum 31. Dezember zu folgenden Geschäftsfällen:

1. Eine Lkw-Reparatur konnte im Dezember nicht mehr durchgeführt werden und muss bis Mitte Januar verschoben werden. Der Kostenvoranschlag beläuft sich auf 3.200,00 € netto.
2. Krönle überweist nachträglich am 1. Februar 760,00 € Kfz-Versicherung für Oktober bis Januar.
3. Für einen Gewährleistungsprozess, dessen Ausgang ungewiss ist, bildet Sonja Krönle eine Rückstellung in Höhe von 6.000,00 €.

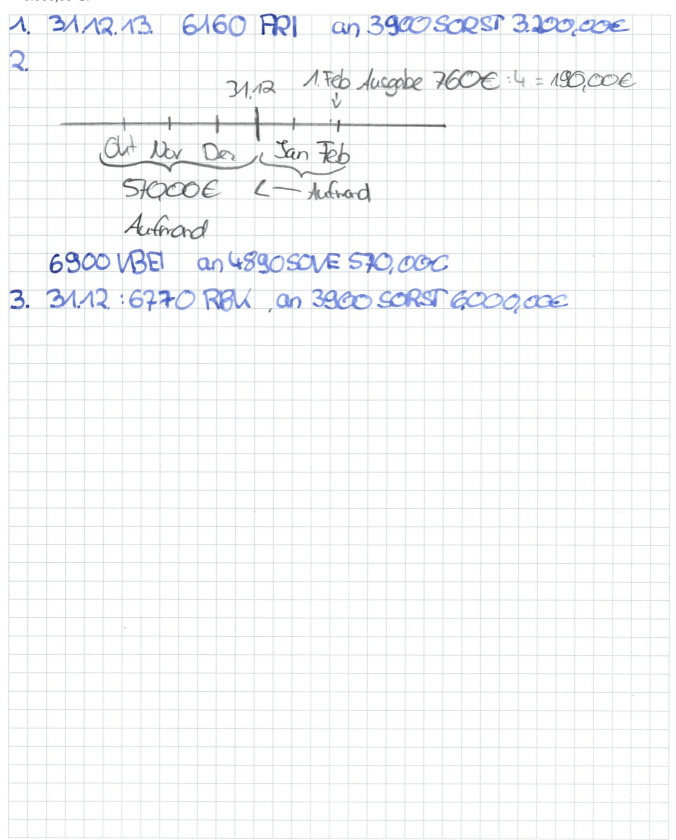

I-21

Bilden Sie die Buchungssätze zur Auflösung der in Aufgabe I-20 gebildeten Rückstellungen.
1. Die Rechnung der Kfz-Werkstatt über 3.200,00 € netto geht bei Krönle ein.
2. Die Kostenrechnung des Rechtsanwalts in Höhe von 7.140,00 € brutto geht bei Krönle ein.

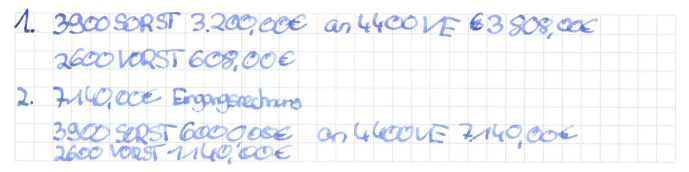

1. 3900 SORST 3.200,00 €   an 4400 VE 63.808,00 €
   2600 VORST 608,00 €

2. 7.140,00 € Eingangsrechnung
   3900 SORST 6.000,00 €   an 4400 VE 7.140,00 €
   2600 VORST 1.140,00 €

I-22

Bilden Sie unter Angabe der Nebenrechnung die Buchungssätze zu folgenden Geschäftsfällen:
1. Zum 31. Dezember ist eine Rückstellung für eine Fassadenrenovierung zu bilden. Der Kostenvoranschlag lautet auf 2.500,00 € netto.
2. Bilden Sie den Buchungssatz zur Auflösung der Rückstellung (siehe 1.) bei Rechnungseingang im neuen Jahr, wenn der Rechnungsbetrag 3.552,15 € brutto beträgt.

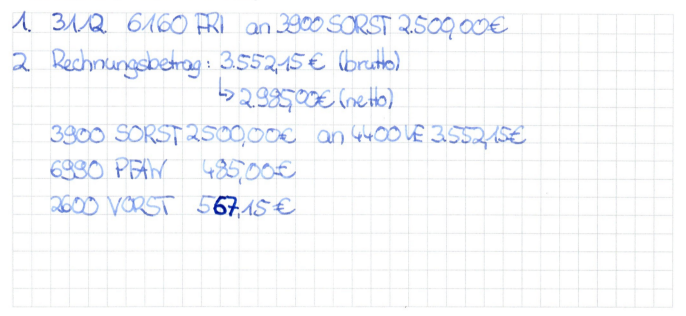

1. 31.12. 6160 FRI   an 3900 SORST 2.500,00 €

2. Rechnungsbetrag: 3.552,15 € (brutto)
   ↳ 2.985,00 € (netto)

   3900 SORST 2.500,00 €   an 4400 VE 3.552,15 €
   6930 PFAN   485,00 €
   2600 VORST   567,15 €

I-23

Bilden Sie die Buchungssätze zu folgenden Geschäftsfällen:
1. Zum 31. Dezember ist eine Rückstellung für eine Kfz-Reparatur zu bilden. Der Kostenvoranschlag lautet auf 3.600,00 € netto.
2. Bilden Sie den Buchungssatz zur Auflösung der Rückstellung bei Rechnungseingang im neuen Jahr, wenn
   a) der Rechnungsbetrag 4.284,00 € brutto beträgt.
   b) der Rechnungsbetrag 3.689,00 € brutto beträgt.
   c) der Rechnungsbetrag 5.950,00 € brutto beträgt.

1. 6160 FRI   an 3900 SORST 3.600,00 €

2a) 3900 SORST 3.600,00 €   an 4400 VE 4.284,00 €
    2600 VORST   684,00 €

I-24
S. 49

Bilden Sie die Buchungssätze zu folgenden Geschäftsfällen:
1. Zum 31. Dezember ist für Prozesskosten eine Rückstellung in Höhe von 2.000,00 € zu bilden.
2. Das Unternehmen Krönle gewinnt den Prozess im neuen Jahr, es fallen keine Anwaltskosten an.

I-25
S. 48

Bearbeiten Sie folgende Aufgaben:
1. Nennen Sie die Bestandteile eines Jahresabschlusses.
2. Wie muss nach § 252 HGB mit Aufwendungen und Erträgen verfahren werden, die das alte und neue Geschäftsjahr betreffen?
3. Nennen Sie zwei Gründe für die periodenrichtige Erfolgsermittlung am 31. Dezember im Rahmen der VAB.
4. Man unterscheidet bei der zeitlichen Abgrenzung vier Fälle. Nennen Sie die vier Fälle und die dazugehörigen Konten.
5. Was haben Sonstige Verbindlichkeiten und Rückstellungen gemeinsam?
6. Wodurch unterscheiden sich Sonstige Verbindlichkeiten und Rückstellungen?
7. Wann werden Rückstellungen gebildet?
8. Wann werden Rückstellungen aufgelöst?
9. Wie wird im Zusammenhang mit Rückstellungen die Umsatzsteuer behandelt?
10. Nennen Sie einen betriebswirtschaftlichen Grund für das Bilden von Rückstellungen.

I-26

Bearbeiten Sie folgende Aufgaben zum Beleg:
1. Formulieren Sie den Geschäftsfall.

Malermeister Bob e.K.
86365 Augsburg - Kleckselstraße 22
Tel.: 0821 441212

Malermeister Bob • 86365 Augsburg • Kleckselstraße 22

Krönle Küchengeräte
Hotelleriebedarf e. K.
Augsburger Straße 12
86368 Gersthofen

Internet: www.malermeiser-bob.de
E-Mail: bob@malermeister.de
Telefon: 0821 442612

Amtsgericht Augsburg HRA 1537
USt-IdNr.: DE 567095436
Steuer-Nr.: 654/44378

30. November 20..

Kostenvoranschlag	Gesamtpreis €
Für die komplette Fassadenrenovierung des Verwaltungsgebäudes Krönle Küchengeräte würden wir Ihnen voraussichtlich in Rechnung stellen ca. **Der Auftrag ist erst im März des nächsten Jahres ausführbar.**	8.950,00 netto

Bankverbindung: Privatbank Augsburg Konto 233 455 666- BLZ 650 756 00

Zahlung fällig am 30. Dezember 20.. ohne Abzug

2. Bis wann muss die Fassadenrenovierung laut § 249 HGB spätestens durchgeführt sein?

3. Bilden Sie den Buchungssatz für den Beleg zum 31. Dezember im Rahmen der VAB.

4. Nach Beendigung der Fassadenrenovierung geht die Rechnung vom Malermeister Bob bei Krönle ein. Der Rechnungsbetrag lautet auf 10.962,00 € brutto. Bilden Sie den Buchungssatz.

I-27

Formulieren Sie die Geschäftsfälle zum Vorkontierungsblatt.

Beleg Nr.	BA	Datum	Soll	Haben	BNR.	B/N	Betrag in €	UCo
1.		3112	5400	4900		B	1.190,00	U 19
2.		3112	6710	4890		B	357,00	V 19
3.		3112	2690	5710			600,00	
4.		3112	6770	3900			4.760,00	
5.		3112	2900	6900			200,00	

I-28

Bilden Sie zu folgenden Geschäftsfällen die Buchungssätze zum 31. Dezember 03:

1. Das Finanzamt hat am 1. Oktober die Kfz-Steuer für einen Firmen-Pkw in Höhe von 240,00 € für ein Jahr im Voraus abgebucht.
2. Sonja Krönle stellt für einen laufenden Prozess 2.000,00 € zurück.
3. Krönle erhält am 31. März 04 1.224,00 € Jahreszinsen für ein Festgeld nachträglich auf das Geschäftsbankkonto überwiesen.
4. Krönle überweist die Feuerversicherungsprämie für die Lagerhalle in Höhe von 650,00 € für das kommende Jahr bereits am 15. Dezember.
5. Sonja Krönle bildet eine Rückstellung für eine fällige Kfz-Reparatur, der vorliegende Kostenvoranschlag lautet auf 1.800,00 € netto.
6. Ein Mieter überweist gemäß Mietvertrag am 1. Dezember die Garagenmiete für Dezember bis Februar in Höhe von 120,00 € netto im Voraus.
7. Sonja Krönle überweist am 1. September 1.800,00 € Zinsen für ein Darlehen für ein halbes Jahr im Voraus.
8. Sonja Krönle überweist die Leasingrate für die Computeranlage in Höhe von 1.200,00 € netto für November bis Januar erst am 15. Januar.
9. Für eine längst notwendige Fassadenrenovierung stellt Sonja Krönle laut Kostenvoranschlag 12.000,00 € netto zurück.
10. Die Grundsteuer für einen Lagerplatz in Höhe von 360,00 € wurde am 1. Mai für ein Jahr im Voraus bezahlt.

I-29

Bilden Sie die Buchungssätze im neuen Jahr zu folgenden Geschäftsfällen (vgl. I-28):

1. Vgl. I-28, 1.
2. Sonja Krönle hat den Prozess gewonnen, der Prozessgegner muss alle Kosten übernehmen (vgl. I-28, 2).
3. Vgl. I-28, 3.
4. Vgl. I-28, 4.
5. Sonja Krönle liegt die Eingangsrechnung von der Kfz-Werkstatt vor. Rechnungsbetrag 2.320,50 € brutto (vgl. I-28, 5).
6. Vgl. I-28, 6.
7. Vgl. I-28, 7.
8. Vgl. I-28, 8.
9. Sonja Krönle liegt die Eingangsrechnung für die inzwischen durchgeführte Fassadenrenovierung (vgl. I-28, 9) vor. Der Rechnungsbetrag lautet auf 13.685,00 € brutto.
10. Vgl. I-28, 10.

I-30

Bearbeiten Sie folgende Aufträge zum Beleg:

1. Bilden Sie die vorbereitenden Abschlussbuchungen zum 31. Dezember 03 unter Berücksichtigung der Wertstellungen zum
   a) 02.01.
   b) 03.01.
   c) 04.01.
2. Bilden Sie die Buchungssätze zu vorliegendem Beleg unter Berücksichtigung der Abgrenzungsbuchungen am 31. Dezember (siehe 1.)

II Jahresabschluss und Auswertung

II-1

Bilden Sie im Unternehmen Krönle die Buchungssätze zu den Belegen und Geschäftsfällen:

1. zu Beleg 1
2. Preisnachlass vom Rohstofflieferer aufgrund einer Mängelrüge, brutto 1.071,00 €
3. Gutschrift für Rücksendung der Leihverpackung an den Hilfsstofflieferer, brutto 595,00 €
4. Verkauf von Fertigerzeugnissen gegen Rechnung, netto 52.000,00 €, die Frachtkosten in Höhe von netto 500,00 € werden dem Kunden in Rechnung gestellt.
5. Barzahlung beim Kauf eines Aktenvernichters für 250,00 € netto
6. Ein Handelswarenkunde überweist nach Abzug von 3 % Skonto 14.428,75 € auf das Geschäftsbankkonto.
7. Eingangsrechnung vom Reisebüro für eine Geschäftsreise, brutto 1.666,00 €
8. Erfassung des Personalaufwands für den Dezember:
Bruttolöhne 50.000,00 €,
Bruttogehälter 12.000,00 €,
einbehaltene Steuern 11.000,00 €,
Sozialabgaben AN-Anteil 14.000,00 €,
Sozialabgaben AG-Anteil 12.800,00 €,
Auszahlung per Banküberweisung

Stahl AG
Am Ruhrufer 17
45276 Essen
Tel.: 0201 613588
Fax: 0201 613599

Krönle Küchengeräte und
Hotelleriebedarf e. K.
Augsburger Straße 12
86368 Gersthofen

Essen, 3. Dezember 20..

Rechnung

Rechnungsnummer: 8256
Kundennummer: 24665

Stahl AG
Am Ruhrufer 17
45276 Essen
Amtsgericht Essen HRB 4522
☏ 0201 613588
📠 0201 613599

Wir lieferten Ihnen:

Pos.	kg	Einzelpreis €	Gegenstand	Gesamtpreis €
1	400	60,00	Stahlplatte S21 300 x 600 mm	24.000,00
			abzüglich 10 % Rabatt	2.400,00
			Warenwert netto	21.600,00
			Frachtkosten und Abladen	200,00
				21.800,00
			+ 19 % Umsatzsteuer	4.142,00
			Rechnungsbetrag	**25.942,00**

Vorstand: Prof. Dr. Thorsten Menisch; Dr. Eugen Löffler
Aufsichtsratsvorsitzender: Dr. Karsten Albrecht
USt-IdNr. DE 879234567 Steuernr. 123/4579/2316

Die Ware bleibt bis zur vollständigen Bezahlung Eigentum der Stahl AG.
Die Rechnung ist am 3. Januar 20.. fällig.
Bei Zahlung bis zum 13. Dezember gewähren wir 2% Skonto.

Bankverbindung: Sparkasse Essen (BLZ 360 501 05) · Konto 88 145 567

Beleg 1

```
○ Kontoauszug                    Nummer 82   Konto 1270008374   Seite 1 / 1
  11. Dezember / 08:45 Uhr       Krönle Küchengeräte und Hotelleriebedarf e. K.

  Bu. Tag  Wert   Bu. Nr.  Vorgang        Zusatzinformation              Betrag €
  10.12.   10.12. 9990     Überweisung    Rechnung Nr. 8256 vom         25.423,16 -
                           an Stahl AG    3. Dezember abzüglich
                                          2% Skonto
                                          ------------------------------
  Kontokorrentkredit  EUR  50.000,00      alter Kontostand   EUR        45.000,00 +
                                          neuer Kontostand EUR          19.576,84 +
                                          ------------------------------
  Bahnhofstraße 22-24
  86000 Augsburg

  Tel.: 0821 224455
  FAX: 0821 224466
○
                                  Lechbank Augsburg
```

Beleg 2

9. zu Beleg 2
10. Kunde Neumaier bezahlt eine Rechnung über 14.944,00 € trotz mehrfacher Mahnung nicht.
11. Die Eröffnung des Insolvenzverfahrens gegen den Kunden Neumaier wird mangels Masse abgelehnt (vgl. 10.).
12. Ausgangsrechnung über den Verkauf von 50 Küchenuhren, brutto 13.328,00 €
13. Wider Erwarten erhält Krönle vom Kunden Neumaier eine Überweisung von 4.165,00 € auf das Geschäftsbankkonto.
14. Überweisung an einen Lieferer 16.243,50 € per Bank

15. zu Beleg 3
16. Sonja Krönle entnimmt der Kasse 5.000,00 € für private Zwecke.
17. Krönle verkauft eine gebrauchte Fräsmaschine (Buchwert 12.000,00 €) bar für 15.000,00 € netto.
18. Krönle kauft bar 20 neue Tischrechner zum Stückpreis von 39,00 € netto.
19. Banklastschrift für Telefongebühren 850,00 €
20. Eingangsrechnung des Betriebsstofflieferers über netto 2.400,00 €
21. Banküberweisung der Grundsteuerschuld von 3.500,00 €

22. Eingangsrechnung über eine Computerreparatur in Höhe von brutto 279,65 €
23. Ein Kunde bezahlt 22.500,00 € für eine Rechnung auf das Geschäftsbankkonto.
24. Vom Steuerberater geht eine Rechnung über brutto 1.481,55 € ein.
25. Eingangsrechnung der Druckerei über Werbebroschüren, brutto 5.117,00 €
26. zu Beleg 4
27. Überweisung der Beiträge für die Kfz-Versicherung in Höhe von 3.780,00 € für ein Jahr im Voraus (1. Dezember bis 30. November)
28. Der Mietertrag für die Monate Dezember, Januar und Februar für eine verpachtete Lagerhalle in Höhe von netto 450,00 € wird auf das Geschäftsbankkonto überwiesen.
29. Eingangsrechnung über Leasinggebühren in Höhe von brutto 2.921,45 €
30. Eingangsrechnung über den Kauf von einem PC (netto 850,00 €), einem Kleinkopierer (netto 399,00 €) und einer Druckerpatrone (netto 59,00 €)

Krönle

Küchengeräte und Hotelleriebedarf e. K.

Krönle e. K., Augsburger Straße 12, 86368 Gersthofen

Großküchenausstatter W. Schick
Isartalbahnweg 45
80688 München

RECHNUNG 2455

Krönle Küchengeräte und
Hotelleriebedarf e. K.
Augsburger Straße 12
86368 Gersthofen
Amtsgericht Augsburg HRA 3345
☎ 0821 497244
🖨 0821 497255
💻 www.kroenle-online.de

Gersthofen, 13.Dezember 20..

Für die Lieferung vom **11. Dezember** erlauben wir uns, Ihnen zu berechnen:

Artikel	Artikel-Nr.	Einzelpreis €	Stück	Gesamtpreis €
Fleischtopf F14	F14	98,00	50	4.900,00
Fleischtopf F24	F24	169,00	50	8.450,00
Bräter mit Deckel	B40	445,00	50	22.250,00
Fondue-Set	Fs21	298,00	50	14.900,00
Fondue-Set	Fs22	309,00	50	15.450,00
- Rabatt 10 %				6.595,00
Warenwert, netto				59.355,00
Umsatzsteuer 19 %				11.277,45
				70.632,45

Zahlung fällig am 23. Januar 20.. rein netto
Bei Bezahlung bis zum 21. Dezember gewähren wir 2% Skonto.
Die gelieferte Ware bleibt bis zur vollständigen Bezahlung unser Eigentum.

Bankverbindung: Konto-Nr.: 1270008374 Lechbank Augsburg · BLZ 790 550 00

USt-IdNr. DE 233555621   Steuernr. 178/2045/3428

Beleg 3

Kontoauszug
21. Dezember / 08:20 Uhr

Nummer 89   Konto 1270008374   Seite 1 / 1
Krönle Küchengeräte und Hotelleriebedarf e. K.

Bu. Tag	Wert	Bu. Nr.	Vorgang	Zusatzinformation	Betrag €
20.12.	**20.12.**	**9991**	**Gutschrift Schick**	**Rechnung Nr. 2455 vom 13. Dezember abzüglich 2% Skonto**	**69.219,80 +**
			Kontokorrentkredit EUR 50.000,00	alter Kontostand EUR	20.345,00 +
				neuer Kontostand EUR	89.564,80 +

Bahnhofstraße 22-24
86000 Augsburg

Tel.: 0821 224455
FAX: 0821 224466

Lechbank Augsburg

Beleg 4

II-2

Bilden Sie die Buchungssätze zu den betriebswirtschaftlichen Sachverhalten im Buch, S. 60. Beachten Sie dabei die Bestands- und Erfolgsrechnung zum 31. Dezember (siehe Seite 58/59 im Buch).

Abschluss der Unterkonten

Bewertung der Sachanlagen

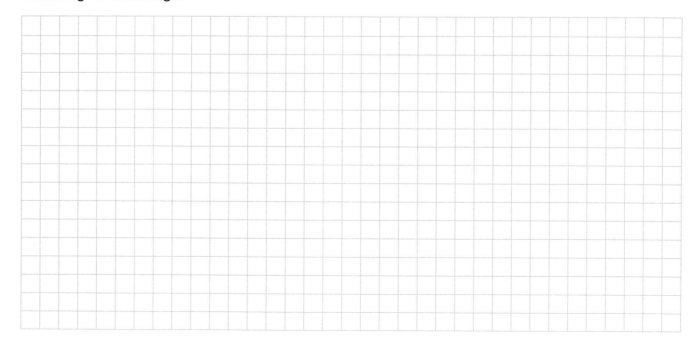

Erfassung der Bestandsveränderungen

Bewertung der Forderungen

Periodenrichtige Erfolgsermittlung

II-4

Beantworten Sie folgende Fragen:
1. Worüber gibt die Kennzahl der Finanzierung (Eigenkapitalanteil) Auskunft?
2. Welche Vorteile hat ein hoher Eigenkapitalanteil?
3. Worüber gibt die Kennzahl der Einzugsliquidität Auskunft?
4. Welche drei Möglichkeiten zur Verbesserung der Einzugsliquidität gibt es?

II-5

Bearbeiten Sie folgende Aufgaben zur aufbereiteten Bilanz:
1. Ermitteln Sie die Kennzahlen der
   a) Finanzierung (Eigenkapitalanteil) und
   b) Einzugsliquidität.

Aktiva (€)		Aufbereitete Bilanz	Passiva (€)
Anlageverm.		**Eigenkapital**	1.334.000,00
Sachanlagen	2.600.000,00	**Fremdkapital**	
Umlaufverm.		langfristig. FK	1.100.000,00
Vorräte	225.000,00	kurzfristig. FK	600.000,00
Forderungen	154.000,00		
flüssige Mittel	55.000,00		
Gesamtverm.	3.034.000,00	Gesamtkapital	3.034.000,00

1. a) Finanzierung: $\dfrac{\text{Eigenkapital} \cdot 100}{\text{Gesamtkapital}}$

$= \dfrac{1.334.000,00 € \cdot 100}{3.034.000,00 €}$

$= 43,97 \%$

b) Einzugsliquidität: $\dfrac{(\text{flüssige Mittel} + \text{FO}) \cdot 100}{\text{kurzfristiges FK}}$

$= \dfrac{(55.000,00 € + 154.000,00 €) \cdot 100}{600.000,00 €}$

$= 34,83 \%$

2. Beurteilen Sie die Kennzahlen der
   a) Finanzierung (Eigenkapitalanteil) und
   b) Einzugsliquidität.

II-6

Bearbeiten Sie folgende Aufgaben:
1. Berechnen Sie jeweils die Kennzahlen für die Finanzierung (Eigenkapitalanteil) und die Einzugsliquidität.

	1. Jahr	2. Jahr	3. Jahr
Anlagevermögen	170.000,00 €	140.000,00 €	160.000,00 €
Umlaufvermögen	230.000,00 €	360.000,00 €	440.000,00 €
davon Forderungen	110.000,00 €	76.000,00 €	60.000,00 €
Kasse/Bankguthaben	30.000,00 €	95.000,00 €	80.000,00 €
Eigenkapital	250.000,00 €	300.000,00 €	320.000,00 €
Fremdkapital	150.000,00 €	200.000,00 €	280.000,00 €
davon Verbindlichk.	80.000,00 €	180.000,00 €	120.000,00 €

1. $\frac{EK \cdot 100}{GK \,(=EK+FK)}$

   $\frac{870000 \cdot 100}{1500000,00€} = 58\%$

2. $\frac{(\text{flüssige Mittel} + \text{Fo}) \cdot 100}{\text{kurzfr. FK}}$

   $(205000,00€ + 246000,00€) \cdot 100$

2. Beurteilen Sie jeweils die Entwicklung des Unternehmens anhand der ermittelten Kennzahlen.

II-7

S. 71

Ihnen liegt diese Gewinn- und Verlustrechnung in Staffelform vor.

1. Berechnen und beurteilen Sie die Kennzahl der Eigenkapitalrentabilität, wenn der Schlussbestand des Eigenkapitals 2.300.000,00 € betrug und 45.000,00 € Privatentnahmen sowie 10.000,00 € Privateinlagen zu berücksichtigen sind.

Umsatzerlöse	2.600.000,00 €
+ Erhöhung des Bestandes an FE und UFE	1.000,00 €
+ Sonstige betriebliche Erträge	34.000,00 €
Gesamtleistung	2.635.000,00 €
− Materialaufwand	1.600.000,00 €
− Aufwendungen für bezogene Leistungen	9.000,00 €
− Personalaufwand	410.000,00 €
− Abschreibungen auf Anlagevermögen	180.000,00 €
− Sonstige betriebliche Aufwendungen	160.000,00 €
Betriebsergebnis	276.000,00 €
+ Zinsen und ähnliche Erträge	6.000,00 €
− Zinsen und ähnliche Aufwendungen	84.000,00 €
Finanzergebnis	198.000,00 €
− Steuern	27.000,00 €
Gesamtergebnis (Jahresüberschuss)	171.000,00 €

2. Berechnen und beurteilen Sie die Kennzahl der Umsatzrentabilität.

3. Worüber gibt die Kennzahl der Umsatzrentabilität Auskunft?

II-8

In einem Unternehmen wurden zum Jahresabschluss diese Schlussbestände ermittelt.

1. Erstellen Sie die aufbereitete Bilanz.
2. Ermitteln und beurteilen Sie die Kennzahl der Einzugsliquidität.
3. Berechnen Sie die Kennzahl der Eigenfinanzierung.
4. Berechnen und beurteilen Sie die Kennzahl der Eigenkapitalrentabilität, wenn bei einer Privatentnahme von 100.000,00 € ein Jahresüberschuss von 80.000,00 € entstanden ist.
5. Berechnen und beurteilen Sie die Kennzahl der Umsatzrentabilität, wenn die Umsatzerlöse 2.000.000,00 € betrugen.

Schlussbestände (€)			
0510 BGR	150.000,00	0530 BVG	350.000,00
0700 MA	300.000,00	0840 FP	121.000,00
0870 BA	86.000,00	2000 R	200.000,00
2400 FO	18.000,00	2700 WP	14.000,00
2800 BK	123.000,00	2880 KA	11.200,00
2900 ARA	5.000,00	3000 EK	836.200,00
3680 PWB	2.000,00	4250 LBKV	400.000,00
4400 VE	140.000,00		

1.

A	in €		P
Anlagevermögen		EK	836.200
Sachanlagen	1.007.000	FK	
Umlaufvermögen		langfr. FK	400.000
Vorräte	200.000	kurzfr. FK	140.000
FO	21.000		
flüssige Mittel	148.200		
	1.376.200		1.376.200

3. $\dfrac{836.200,00 € \cdot 100\%}{1.376.200,00 €} = 60,76\%$

2. $\dfrac{(\text{flüssige Mittel} + FO) \cdot 100\%}{\text{kurzfr. FK}}$

$= \dfrac{(148.200,00 € + 21.000,00 €) \cdot 100\%}{140.000,00 €}$

$= 120,86\%$

II-9

Ihnen liegt diese Bilanz vor:

1. Ermitteln Sie aus der aufbereiteten Bilanz die Kennzahlen
   a) der Finanzierung (Eigenkapitalanteil),
   b) der Einzugsliquidität.

Aktiva (€)	Aufbereitete Bilanz		Passiva (€)
Anlageverm.		**Eigenkapital**	360.000,00
Sachanlagen	370.000,00	**Fremdkapital**	
Umlaufverm.		langfristig. FK	110.000,00
Vorräte	60.000,00	kurzfristig. FK	131.000,00
Forderungen	131.000,00		
flüssige Mittel	40.000,00		
Gesamtverm.	601.000,00	Gesamtkapital	601.000,00

2. Beurteilen Sie die berechneten Kennzahlen
   a) der Finanzierung (Eigenkapitalanteil),
   b) der Einzugsliquidität.

_____

_____

_____

_____

_____

3. Berechnen und beurteilen Sie die Eigenkapitalrentabilität bei einem Jahresüberschuss von 65.000,00 €.

III Grundlagen der Betriebsbuchführung: Kosten- und Leistungsrechnung in einem Fertigungsunternehmen

III-1

Bearbeiten Sie folgende Aufgaben:

1. Nennen Sie Gründe, warum die beiden Unternehmen vergleichbar sind.

Unternehmen Fix				**Unternehmen Fertig**			
S (€)	GuV-Rechnung		H (€)	S (€)	GuV-Rechnung		H (€)
Material	820.000	Umsatzerl.	1.400.000	Material	820.000	Umsatzerl.	1.400.000
Personal	360.000	Miete	47.000	Personal	300.000	Miete	30.000
Abschr. Sa	120.000	Ertr. AV	10.000	Abschr. Sa	120.000	Erträge AV	4.000
Miete	0	Ertr. WP	40.000	Miete	40.000	Ertr. WP	3.000
Kommunik.	27.000			Kommunik.	10.000		
Abschr. Fo	40.000			Abschr. Fo	40.000		
Steuern	10.000			Steuern	7.000		
Zinsen	0			Zinsen	40.000		
Gewinn	120.000			Gewinn	60.000		
	1.497.000		1.497.000		1.437.000		1.437.000

Sie haben ähnliche Beträge

Bei beiden ist es die GuV-Rechnung und bei beiden sind fast alle Konten ähnlich betroffen

2. Welche Vermutung über die Eigenkapitalsituation lässt die Vergangenheit der beiden Unternehmen zu? Belegen Sie Ihre Vermutungen mit Zahlen aus den GuV-Konten

Sie haben beide einen relativ hohen Gewinn

3. Versuchen Sie, die GuV-Positionen der Aufwands- und Ertragsseite in jeweils zwei Gruppen zu gliedern. Denken Sie dabei daran, dass beide Unternehmen Güter fertigen.

III-2

Beantworten Sie folgende Fragen:
1. Was versteht man unter dem neutralen Ergebnis?
2. Wie kann das neutrale Ergebnis festgestellt werden?
3. Was unterscheidet das neutrale Ergebnis vom Betriebsergebnis?
4. Welchen Zusammenhang gibt es zwischen dem Jahresüberschuss/Jahresfehlbetrag, dem neutralen Ergebnis und dem Betriebsergebnis?

III-3

Ordnen Sie folgende Tätigkeiten innerhalb eines Unternehmens einem der Rechnungskreise zu.

1. Buchhalterische Erfassung des Kassenbestandes

   _____

2. Buchung des Reingewinnes am Ende des Geschäftsjahres

   _____

3. Unterscheidung zwischen normalen und ungewöhnlichen Aufwendungen

   _____

4. Berechnung des Verkaufspreises eines Erzeugnisses

   _____

5. Berechnung der Abschreibungsbeträge für den Fuhrpark laut AfA-Tabelle

   _____

6. Erfassung des Buchgewinnes beim Verkauf von Aktien im Erfolgskonto

   _____

III-4

Nennen Sie je ein typisches Beispiel
1. für Aufwendungen,
   a) die betriebsbedingt und „normal",
   b) betriebsbedingt und ungewöhnlich,
   c) betriebsfremd sind.
2. für Erträge,
   a) die betriebsbedingt und „normal",
   b) betriebsbedingt und ungewöhnlich,
   c) betriebsfremd sind.

III-5

1. Einkauf von Rohstoffen gegen Rechnung, netto	30.000,00 €
2. Erfassung des Personalaufwandes	31.000,00 €
Lohnzahlung durch Banküberweisung	20.000,00 €
einbehaltene Steuern	6.800,00 €
Arbeitgeberanteil zur Sozialversicherung	4.000,00 €
Arbeitnehmeranteil zur Sozialversicherung	4.200,00 €
3. Verkauf von Fertigerzeugnissen auf Ziel, netto	50.000,00 €
4. Verkauf eines alten Lieferwagens:	
Buchwert	2.500,00 €
Erlös netto 3 000,00 €, Mehrerlös	500,00 €
5. Banklastschrit der Stromrechnung, netto	1.190,00 €
6. Bankgutschrift für Miete, netto	700,00 €
7. Auflösung einer nicht in Anspruch genommenen Rückstellung	5.000,00 €
8. Barzahlung eines Kfz-Unfallschadens (kein Versicherungsschutz), netto	1.950,00 €
9. Verkauf von Handelswaren bar, netto	400,00 €
10. Verkauf von Aktien für	18.600,00 €
Kursverlust dabei	1.400,00 €
11. Banküberweisung der Gewerbesteuer	2.000,00 €

Diese Geschäftsfälle sollen danach untersucht werden, ob es sich um neutrale Aufwendungen/Erträge handelt oder um Kosten/Leistungen.

Hinweis: Es ist für Sie eine Hilfe, zunächst den jeweiligen Buchungssatz zu bilden. Die Art der benötigten Konten (Erfolgs-, Bestandskonto) erleichtert die geforderte Einordnung.

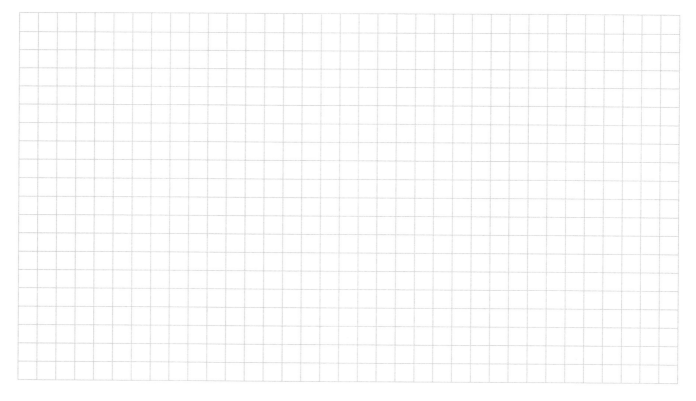

III-6

Überprüfen Sie die Aussagen auf ihre Richtigkeit.

1. Aufwendungen, die betriebsbedingt und gewöhnlich sind, nennt man in der Kosten- und Leistungsrechnung neutrale Aufwendungen.
2. Einnahmen sind zugleich auch immer Erträge des Unternehmens.
3. Bei der Ermittlung des Betriebsergebnisses werden die neutralen Aufwendungen den Leistungen gegenübergestellt.
4. Ein Betriebsgewinn ist erwirtschaftet, wenn die Kosten niedriger sind als die Leistungen. Überprüfen Sie die Aussagen auf ihre Richtigkeit.

III-7

Für folgende Begriffe ist jeweils eine Definition anzugeben.

1. Aufwendungen
2. Erträge
3. Kosten
4. Leistungen
5. neutraler Ertrag
6. Betriebsergebnis
7. neutrales Ergebnis
8. Betriebsverlust
9. Unternehmenserfolg
10. Jahresüberschuss

III-8

Die Geschäftsfälle sollen danach untersucht werden, ob sie die Geldrechnung und/oder Erfolgsrechnung berühren. Es ist für Sie eine Hilfe, zunächst den jeweiligen Buchungssatz zu bilden. Die Art der angesprochenen Konten (Erfolgs-, Bestandskonto) erleichtert die geforderte Einordnung.

S. 86

1. Einkauf von Handelswaren gegen Rechnung, netto 10.000,00 €
2. Erfassung von Personalaufwendungen:
   Gehaltszahlung durch Banküberweisung, 20.000,00 €,
   Bruttogehalt, 30.000,00 €,
   Lohn- und Kirchensteuer, 4.500,00 €,
   Arbeitgeberanteil zur Sozialversicherung, 5.000,00 €,
   Arbeitnehmeranteil zur Sozialversicherung, 5.500,00 €
3. Banküberweisung der einbehaltenen Abzüge, 10.500,00 €
4. Barspende des Inhabers an das Rote Kreuz, 150,00 €
5. Verkauf von Fertigerzeugnissen auf Ziel, netto 30.000,00 €

6. Kauf eines neuen Lieferwagens gegen Rechnung, netto 40.000,00 €
7. Bankgutschrift für Miete, 1.700,00 € netto
8. Barzahlung eines Kfz-Unfallschadens, netto 2.500,00 €
9. Verkauf von Handelswaren bar, netto 1.000,00 €
10. Bankgutschrift: Rücksendung zu viel gelieferter Fremdbauteile, 900,00 € netto
11. Kauf von Aktien zur vorübergehenden Anlage, 23.000,00 €
12. Banküberweisung der KFZ-Steuer, 1.000,00 €
13. Barverkauf eines gebrauchten PCs, netto 900,00 €, Buchwert 1.000,00 €

III-9

Bearbeiten Sie nachfolgende Aufgaben.
1. Nennen Sie einen wesentlichen Unterschied zwischen kalkulatorischer und bilanzmäßiger Abschreibung.
2. Nennen Sie zwei kalkulatorische Kosten.
3. Geben Sie an, ob es sich bei den folgenden Angaben um Kosten bzw. Leistungen oder um neutrale Aufwendungen bzw. Erträge handelt:
    a) Gewerbesteuerzahlung,
    b) Aufwendungen für Rohstoffe,
    c) Beiträge an die Industrie- und Handelskammer,
    d) Mieteinnahmen für eine Lagerhalle,
    e) Umsatzerlöse für Fertigerzeugnisse,
    f) Unfallreparatur am Lieferwagen,
    g) Dividendengutschrift der Bank,
    h) Banklastschrift für Leasingrate.

S. 90

III-10

Lösen Sie folgende Aufgaben:

1. Berechnen Sie mit einer eigenen Aufstellung die betriebsbedingten, normalen Aufwendungen und Erträge bei Krönle (siehe Seite 62 im Buch).

2. Wie ist nun die Frage zu beantworten, welcher Unternehmer erfolgreicher produziert hat, Fix oder Fertig (mit Begründung)?

___

3. Erklären Sie den Unterschied zwischen Unternehmen und Betrieb.

___

4. Welche Spalten der Abgrenzungstabelle werden den Anforderungen der Preisberechnung gerecht?

___

5. Worin besteht der Unterschied zwischen neutralen Aufwendungen und Kosten?

___

III-11
S. 91

Im Rechnungskreis II (Abgrenzungstabelle) werden folgende Summen ermittelt:

	Soll (€)	Haben (€)
Konto 90	30.000,00	50.000,00
Konto 91	255.000,00	325.000,00
Konto 92	3.200.000,00	3.550.000,00

1. Wie hoch sind die Kosten dieses Unternehmens?
2. Geben Sie das Betriebsergebnis nach Art und Höhe an.
3. Geben Sie das Betriebsergebnis in Prozenten der Selbstkosten an.
4. Geben Sie das Unternehmensergebnis nach Art und Höhe an.
5. Wie hoch sind die betriebsbezogenen, ordentlichen Erträge dieses Unternehmens?

III-12

Aus der KLR sind folgende Zahlen bekannt:

Unternehmensgewinn	50.000,00 €
neutrale Erträge	190.000,00 €
Kostenrechnerische Korrektur:	
Kosten laut KLR	255.000,00 €
AW laut RK I	240.000,00 €
Betriebsverlust	20.000,00 €
Leistungen	1.650.000,00 €

1. Wie hoch sind die neutralen Aufwendungen?
2. Wie hoch ist die Summe der Kosten dieses Betriebes?
3. Wie lautet der Buchungssatz für den Abschluss des Kontos GUV?

III-13

Abgrenzungstabelle

Konto	Rechnungskreis I (Beträge in €)				Rechnungskreis II			
	8020 GUV		90 NAWE		91 KKOR		92 KL	
	Aufwendungen	Erträge	neutrale Aufwendungen	neutrale Erträge	Aufwendungen laut RK I	verrechn. Kosten	Kosten	Leistungen
Umsatzerlöse		1.400.000						1.400.000
EMP		47.000		47.000				
EAAV		10.000		10.000				
EAWP		40.000		40.000				
Materialaufwand	820.000						820.000	
Personalaufwand	360.000						360.000	
Abschr. Sachanlagen	120.000				120.000	80.000	80.000	
Aufw. Kommunikation	27.000						27.000	
Abschr. Forderungen	40.000		40.000					
Steuern	10.000						10.000	
Kalkulat. UL						90.000	90.000	
	1.377.000	1.497.000	57.000	97.000	120.000	170.000	1.387.000	1.400.000
	120.000 Gesamtgewinn		10.000	neutraler Gewinn	50.000	Ergebnis KKOR	13.000	Betriebsgewinn
	1.497.000	1.497.000	97.000	97.000	170.000	170.000	1.400.000	1.400.000
	Gesamtergebnis		**neutrales Ergebnis**		**Ergebnis aus KKOR**		**Betriebergebnis**	

Geben Sie anhand der Abgrenzungstabelle die Werte an für:

1. die Anderskosten,
2. die Zusatzkosten,
3. die Kosten,
4. die neutralen Aufwendungen.

III-14

1. Sonja Krönle kaufte zur kurzfristigen Kapitalanlage Aktien, die sie wegen Liquiditätsknappheit nach 3 Monaten wieder verkaufen muss und dabei einen Kursverlust von rund 2.000,00 € erleidet.
2. Aufgrund größerer Edelstahlimporte sinkt der Preis für Edelstahlplatten. Sonja Krönle kann eine größere Partie sehr günstig einkaufen und einlagern. Sie spart so – gegenüber den bisherigen Marktpreisen – netto rund 12.000,00 € ein.
3. Im Fertigerzeugnislager wird nach den Betriebsferien ein Schaden im Dach entdeckt, der dringend repariert werden muss (netto 4.000,00 €). Das eingedrungene Regenwasser hat außerdem fertige Kochtopfsets (Herstellungskosten 11.000,00 €) vernichtet. Diese können nicht mehr verkauft werden.
4. Sonja Krönle hat von einer Tante völlig überraschend 25.000,00 € geerbt. Sie zahlt den Betrag auf das Geschäftsbankkonto von Krönle ein, weil sie für eine neue Poliermaschine sowieso bald Geld braucht.

Untersuchen Sie die Fälle anhand der Fragen darauf, inwieweit sie Auswirkungen auf die Rechnungskreise I und II sowie für die Berechnung der Preise haben:

a) Erfolgt eine Buchung im RK I? Wenn ja: Ist die Buchung erfolgswirksam?

b) Hat der Vorgang Konsequenzen im RK II?
   Wenn ja:
   - Wie berührt er die Abgrenzungsrechnung?
   - Wie beeinflusst er die Kosten- und Leistungsrechnung?
   - Wirkt er sich erhöhend oder vermindernd auf die Selbstkosten aus?

III-15

Ordnen Sie folgende Tätigkeiten innerhalb des Unternehmens Krönle einem der beiden Rechnungskreise zu.

	RK I	RK II
1. Buchhalterische Erfassung des Kassenbestandes		
2. Ermittlung des Einstandspreises einer Lieferung Edelstahlplatten		
3. Ermittlung des Reingewinns am Ende des Geschäftsjahres		
4. Berechnung des Verkaufspreises eines Kochlöffelsets des Typs Nobel, Größe 2		

III-16

Beantworten Sie folgende Fragen bzw. lösen Sie die Aufgaben:

1. Aus welchen Teilen besteht das Rechnungswesen im Fertigungsunternehmen?
2. Sind bei allen Unternehmen (z. B. auch in Dienstleistungsunternehmen) alle drei Teilbereiche einer Buchhaltungsabteilung festzustellen?
3. Welcher Unterschied besteht zwischen der Geschäfts- und der Betriebsbuchführung?
4. Erklären Sie die Gleichung:
   betrieblicher Werteverzehr = betrieblicher Aufwand = Kosten
5. Erklären Sie den Unterschied zwischen Unternehmen und Betrieb.
6. Welche Spalten der Abgrenzungsrechnung werden den betrieblichen Anforderungen gerecht?
7. Wie werden Anderskosten in der Abgrenzungstabelle erfasst?
8. Welche Aufgabe hat die Spalte KKOR?
9. Es gibt Geschäftsfälle, die sich auch in der Kosten- und Leistungsrechnung auswirken. Wie verändern folgende Beispiele ein positives Betriebsergebnis (Erhöhung – Verminderung – keine Veränderung)?
   a) Erhöhung des Lagerbestandes an unfertigen Erzeugnissen
   b) Banklastschrift: Zinsen für einen Kontokorrentkredit
   c) Kalkulatorische Abschreibung auf die Computeranlage
   d) Krönle gewährt einem langjährigen Kunden einen Treuebonus.

III-17

Die Abgrenzungstabelle eines Betriebes weist folgende Summen aus. Bearbeiten Sie die Aufträge.

	8020 GUV	90 NAWE	91 KKOR
Aufwendungen	686.500,00 €	12.700,00 €	46.400,00 €
Erträge	952.300,00 €	29.300,00 €	10.900,00 €

1. Ermitteln Sie das Gesamt- und das Betriebsergebnis (jeweils Gewinn oder Verlust).
2. Ermitteln Sie die Summe der Kosten.

III-18

Aus der GuV-Rechnung des Sägewerks Holzmann in Cham für das Jahr ...6 entnehmen Sie folgende Positionen und bearbeiten Sie folgende Aufgaben:

1. Nennen Sie daraus je ein Beispiel für
   a) Kosten,
   b) neutraler Ertrag.

			Kosten	neutraler Ertrag
5000	Umsatzerlöse Fertige Erzeugnisse	2.400.000,00 €		
5400	Erträge aus Vermietung und Verpachtung	20.000,00 €		
5490	Periodenfremde Erträge	15.000,00 €		
60	Aufwendungen für Roh- und Hilfsstoffe	1.100.000,00 €		
6030	Aufwendungen für Betriebsstoffe	50.000,00 €		
62/63	Löhne und Gehälter	800.000,00 €		
6400	Arbeitgeberanteil zur Sozialversicherung	300.000,00 €		
6520	Bilanzmäßige Abschreibung auf Sachanlagen	145.000,00 €		
6700	Mieten, Pachten	45.000,00 €		
68	Aufwendungen für Kommunikation	80.000,00 €		
7510	Zinsaufwendungen	60.000,00 €		
	Kalkulatorische Abschreibungen	130.000,00 €		
	Kalkulatorischer Unternehmerlohn	80.000,00 €		

2. Erklären Sie die Ausdrücke
   a) Kalkulatorische Abschreibungen,
   b) Kalkulatorischer Unternehmerlohn.

III-19

Überlegungen zur Berechnung der Selbstkosten: Lösen Sie folgende Aufgaben:

1. Im Unternehmen Krönle soll das Topfset „Pasta-Magnefic" in folgenden Größen produziert werden:
   a) Wie viele unterschiedliche Töpfe werden – rein rechnerisch – im Unternehmen Krönle gefertigt, wenn bei der Höhe ein Rastermaß von jeweils 0,5 cm gilt (also Töpfe für die Höhen 15, 15,5, 16 cm usw. und für die Durchmesser 18, 18,5 cm usw. produziert werden) und alle sich daraus ergebenden Größen von 15 bis 30 cm Höhe und 18 bis 40 cm Durchmesser produziert werden?
   b) Beschreiben Sie das kostenrechnerische Problem, das sich aus 1. a) ergibt.
   c) Warum sind die Selbstkosten je Stück nicht durch eine Division (gesamte Selbstkosten/hergestellte Menge) zu berechnen?
   d) Nennen Sie möglichst treffende Beispiele (Kostenarten) für Einzelkosten und Gemeinkosten bei der Herstellung der Topfserie.

2. Ein Automobilwerk hat sich auf die Produktion von Oldtimer-Nachbauten (Replikas) spezialisiert.
   a) Es wird nur ein einziger Pkw-Typ angeboten. Dieses Auto kann jedoch mit drei verschiedenen Motoren geliefert werden. Die Kunden haben die Auswahl zwischen 5 verschiedenen Farbtönen bei der Außenlackierung und zweierlei Sitzbezügen. Außerdem können sie zwischen einem Cabriolet- und einem Limousinenmodell wählen, wobei letzteres auf Wunsch mit Faltschiebedach geliefert werden kann.
   Wie viele unterschiedliche Autos werden in dieser Fabrik maximal gefertigt?
   b) Trifft auch hier das kostenrechnerische Problem von 1. b zu?
   c) Vergleichen Sie zur Modell- und Ausstattungsvielfalt dieses Automobilwerkes (2. a) das Angebot einer Ihnen bekannten Automarke.
   d) Nennen Sie auch für dieses Werk möglichst treffende Beispiele für Einzelkosten und Gemeinkosten.

III-20

In der Möbelfabrik Franz Sauter, Roth, fallen im 2. Quartal folgende Kosten an:

6000	AWR	100.000,00 €
6020	AWH	20.000,00 €
6030	AWB	19.000,00 €
6200	Fertig. Löhne	178.000,00 €
6300	Gehälter	32.000,00 €
6400	AGA z. SV	63.000,00 €
	kalk. Abschr.	40.000,00 €
70	Betr. Steuern	16.000,00 €

Lösen Sie folgende Aufgaben:

1. Ermitteln Sie das Betriebsergebnis, wenn die Summe der Leistungen 610.000,00 € beträgt.
2. Berechnen Sie die Summe der direkten Kosten und der indirekten Kosten.

III-21

Rechnen Sie den Betriebsabrechnungsbogen von Seite 103 im Buch Zeile für Zeile nach und beantworten Sie nachfolgende Fragen.

1. Was ist mit „Übernahme der €-Beträge" gemeint?
2. Zur Zeile „Betriebsstoffe":
   a) Woher stammen die 500,00 € in der zweiten Spalte?
   b) Wie hoch ist die Summe der Verhältniszahlen?
3. Wie könnte die Zahl 1,5 in der letzten Spalte der Zeile „Gehälter" zu verstehen sein?

III-22

Der Kostenverteilungsbogen des Unternehmens König, Bad Kissingen, weist folgende Eintragungen aus.

Kto.- Kostenart	Zahlen der KLR (€)	Verteilungsschlüssel für die Kostenstelle			
		I Material	II Fertigung	III Verwaltg.	IV Vertrieb
AW f. Hilfsstoffe	2.000,00	10 %	75 %	5 %	10 %
Energie	4.800,00	800 m²	4 000 m²	600 m²	1 000 m²
Hilfslöhne	9.000,00	1/10	4/5	1/20	Rest (1/20)
Gehälter	36.000,00	7 %	25 %	50 %	Rest (18 %)
Leasing	8.400,00	2/7	4/7	0	1/7
kalk. Abschreibg.	18.000,00	2.000,00 €	12.000,00 €	2.000,00 €	2.000,00 €
Steuern	11.000,00	1/11	3/11	5/11	2/11
versch. Kosten	4.000,00	200,00 €	2.300,00 €	300,00 €	1.200,00 €

Lösen Sie folgende Aufgaben:
1. Verteilen Sie die Gemeinkosten nach den aufgeführten Schlüsseln auf die vier Kostenstellen.
2. Ermitteln Sie die Summe der Gemeinkosten je Kostenstelle.

Kto-Kostenart	Zahlen d. KLR	Material I	Fertigung II	Verwaltg III	Vertrieb IV
AW f. Hilfsstoffe	2.000	200	1500	100	200
Energie	4.800	600	3000	450	750
Hilfslöhne	9000	900	7200	450	450
Gehälter	36.000	2520	9000	18000	6480
Leasing	8.400	2400	4800	/	1200
kalk. Abschreib.	18000	2000	12000	2000	2000
Steuern	11.000	1000	3000	5000	2000
versch. Kosten	4.000	200	2300	300	1200
gesamt	93200	9820	42800	26300	14280

3. Wie hoch sind die gesamten Kosten in der Kostenstelle Fertigung, wenn die Fertigungslöhne 240.000,00 € betragen?

240000 € 42.800 € =

4. Welche Aufgaben haben die einzelnen Kostenstellen?

I Erfassung der Kosten, die im Materialbereich entstehen (FM+MGK)
II " " " " in der Fertigung " (FL+FGK)
III " " " " in der Verwaltung "
IV " " " " im Vertrieb "

5. Welche Aufgaben hat der Betriebsabrechnungsbogen?

Verteilung der Gemeinkosten auf die Kostenstellen = BAB

6. Wie viele Kostenstellen sind in einem Unternehmen denkbar? Wovon hängt diese Zahl ab?

In Abhängigkeit des Unternehmens und von der Art und der Größe

III-23

S. 104

Die Grafik wurde mit einem Tabellenkalkulationsprogramm erstellt.
1. Beschreiben Sie die Grafik.

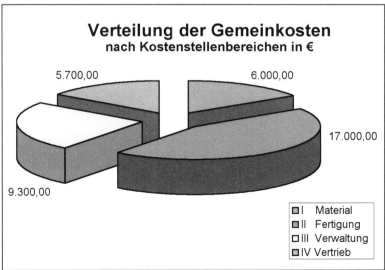

Verteilung der Gemeinkosten nach Kostenstellenbereichen in €

5.700,00
6.000,00
17.000,00
9.300,00

I Material
II Fertigung
III Verwaltung
IV Vertrieb

2. Erstellen Sie diese Grafik mithilfe Ihres Tabellenkalkulationsprogramms.

III-24

In der Fabrik für Elektrogeräte Großmann in Hilpoltstein weist der Betriebsabrechnungsbogen für den Monat Mai folgende Gemeinkosten aus:

Materialbereich	50.000,00 €
Fertigungsbereich	420.000,00 €
Verwaltungsbereich	89.100,00 €
Vertriebsbereich	74.250,00 €
	633.350,00 €

Die Einzelkosten betrugen für
- Fertigungsmaterial   400.000,00 €
- Fertigungslöhne   120.000,00 €

Berechnen Sie
1. die Herstellkosten der Erzeugung,
2. die Gemeinkostenzuschlagsätze für die vier Kostenstellen und
3. die Summe der Kosten im Monat Mai.

III-25

In einem Industriebetrieb fielen im letzten Abrechnungszeitraum folgende Kosten an:

Fertigungsmaterial	120.000,00 €
Fertigungslöhne	180.000,00 €
Materialgemeinkosten	9.000,00 €
Fertigungsgemeinkosten	261.000,00 €
Verwaltungsgemeinkosten	71.250,00 €
Vertriebsgemeinkosten	88.350,00 €

Berechnen Sie die Herstellkosten der Erzeugung und ermitteln Sie dann die Gemeinkostenzuschlagsätze.

FM : 120.000
+ MGK : 9.000
= MK : 129.000
FL : 180.000
+ FGK : 261.000
= FK : 441.000
HKdE : 570.000

$\frac{MGK \cdot 100}{FM}$

$= \frac{9000 \cdot 100}{120.000 €}$

$= 7,5 \%$

$\frac{FGK \cdot 100}{FL}$

$= \frac{261.000 € \cdot 100}{180.000 €}$

$= 145 \%$

III-26

In der Möbelfabrik Hausner in Helmbrechts wurde für den Monat Februar der Betriebsabrechnungsbogen erstellt. Die vier Kostenstellen weisen folgenden Gemeinkosten aus.

Materialstelle	6.000,00 €
Fertigungsstelle	188.400,00 €
Verwaltungsstelle	39.600,00 €
Vertriebsstelle	59.400,00 €

An Einzelkosten fielen an:

Fertigungsmaterial	120.000,00 €
Fertigungslöhne	125.600,00 €

1. Erstellen Sie eine Gesamtkalkulation für den Monat Februar und berechnen Sie die Gemeinkostenzuschlagsätze.

2. Wie hoch wäre der Zuschlagsatz für die Kostenstelle III und IV, wenn aus Vereinfachungsgründen ein gemeinsamer Zuschlagsatz ermittelt werden soll?

3. Warum können die Kostenstellen Verwaltung und Vertrieb zusammengefasst werden? Welche Gründe sprechen dagegen?

_____

_____

_____

4. Erstellen Sie ein Rechenblatt (Tabellenkalkulation) und ermitteln Sie damit die Zuschlagsätze.

Sie können Ihr Rechenblatt ausdrucken und hier einkleben.

III-27

Beantworten Sie folgende Fragen:
1. Welches Ziel verfolgt ein Unternehmer mit der Kosten- und Leistungsrechnung?
2. Worin besteht der Unterschied zwischen der Kostenarten- und der Kostenstellenrechnung?
3. Wozu dient ein Betriebsabrechnungsbogen?
4. Welchen Zusammenhang gibt es zwischen der Kostenstellenrechnung und den Gemeinkostenzuschlagsätzen?

III-28

S. 110

In einem Industrieunternehmen beliefen sich die Herstellkosten der Erzeugung im Monat September auf 2.800.000,00 €.
Außerdem liegen folgende Zahlen vor:

Anfangsbestand an unfertigen Erzeugnissen 40.000,00 €
Endbestand an unfertigen Erzeugnissen 51.000,00 €
Anfangsbestand an fertigen Erzeugnissen 56.000,00 €
Endbestand an fertigen Erzeugnissen 46.000,00 €

1. Berechnen Sie die Herstellkosten des Umsatzes.
2. Wie hoch sind die Selbstkosten des Umsatzes, wenn die Verwaltungs- und Vertriebsgemeinkosten mit 25 % kalkuliert wurden?

III-29

Lösen Sie folgende Aufgabe:
Der Bestand an unfertigen Erzeugnissen war zu Beginn des Abrechnungszeitraumes 23.510,00 €, am Ende 22.850,00 €; der Anfangsbestand an fertigen Erzeugnissen betrug 812.460,00 €, der Endbestand 864.165,00 €. Die Herstellkosten der Erzeugung waren im laufenden Abrechnungszeitraum 2.680.000,00 €.
Wie hoch waren die Herstellkosten des Umsatzes?

III-30

Ein Industrieunternehmen rechnet mit folgenden Gemeinkostensätzen.

Materialgemeinkosten	12 %
Verwaltungsgemeinkosten	10 %
Fertigungsgemeinkosten	180 %
Vertriebsgemeinkosten	15 %

Im Monat Juli war der Materialverbrauch 1.380.000,00 €, an Fertigungslöhnen wurden 930.000,00 € gezahlt.

Mehrbestand an unfertigen Erzeugnissen	50.000,00 €
Minderbestand an fertigen Erzeugnissen	104.000,00 €

1. Wie hoch sind die Materialgemeinkosten in €?
2. Wie hoch sind die Fertigungsgemeinkosten in €?
3. Berechnen Sie die Herstellkosten des Umsatzes.
4. Berechnen Sie die Selbstkosten des Umsatzes.

III-31

S. 110

Lösen Sie folgende Aufgabe:

Die Herstellkosten der Erzeugung sind um 1.500,00 € größer als die Herstellkosten des Umsatzes.

Unfertige Erzeugnisse: Anfangsbestand   10.000,00 €
                         Endbestand   8.700,00 €
Fertige Erzeugnisse: Anfangsbestand   18.000,00 €

Welcher Schlussbestand an fertigen Erzeugnissen hat sich bei der Inventur ergeben?

III-32

Erstellen Sie ein Rechenblatt nach dem Muster von Seite 109 im Buch und lösen Sie nachfolgende Aufgaben.

1. Berechnen Sie die Zuschlagsätze bei folgenden Zahlen für den Monat Juni:

Fertigungsmaterial	120.000,00 €
Fertigungslöhne	180.000,00 €
Materialgemeinkosten	9.000,00 €
Fertigungsgemeinkosten	261.000,00 €
Verwaltungsgemeinkosten	71.250,00 €
Vertriebsgemeinkosten	88.350,00 €
Anfangsbestand an unfertigen Erzeugnissen	40.000,00 €
Endbestand an unfertigen Erzeugnissen	51.000,00 €
Anfangsbestand an fertigen Erzeugnissen	56.000,00 €
Endbestand an fertigen Erzeugnissen	46.000,00 €

2. Welche Formel wurde
   a) in Zelle F5 eingegeben?
   b) in Zelle F15 eingegeben?

Sie können Ihr Rechenblatt ausdrucken und hier einkleben.

III-33

Lösen Sie folgende Aufgabe:

1. Stellen Sie den Listenverkaufspreis mithilfe eines Rechenblattes fest.
2. Erstellen Sie für die Situation a und c die Ausgangsrechnung für 5 Stück.
3. Bilden Sie für die Situation b und d den Buchungssatz für den Zielverkauf von 20 Stück.
4. Bilden Sie die Buchungssätze für die Situation b und d, wenn die Zahlung innerhalb der Skontofrist auf dem Bankkonto eingeht.

Situation	FM €	FL €	MGK %	FGK %	SEK 4 %	Vw-GK %	Vt-GK %	Gewinn %	Skonto %	Rabatt %
a	120,00	80,00	7,50	200,00	-	8,00	6,00	15,00	2	10,00
b	2.500,00	400,00	4,00	250,00	90,00	7,00	8,00	10,00	3	20,00
c	48,00	60,00	5,00	300,00	-	10,00	12,50	12,50	2	30,00
d	350,00	180,00	6,00	400,00	-	15		5	3	25,00
e	600,00	150,00	12,00	480,00	30,00	12		3	3	10,00

Sie können Ihr Rechenblatt ausdrucken und hier einkleben.

Sie können Ihr Rechenblatt ausdrucken und hier einkleben.

III-34

Das Holzbearbeitungswerk Brettner in Marktoberdorf stellt u. a. in Serien Gartenhäuschen her (Grundriss 2 m x 3 m). Lösen Sie folgende Aufgaben.

Materialkosten	723,00 €
Fertigungslöhne	3,3 Std. zu 17,00 €
Fertigungsgemeinkosten	125,00 %
Verwaltungsgemeinkosten	4,50 %
Vertriebsgemeinkosten	3,00 %
Gewinn	6,00 %
Kundenskonto	3,00 %
Kundenrabatt	20,00 %

1. Kalkulieren Sie den Listenpreis für ein Gartenhäuschen.
2. Firma Brettner verkauft an ein Versandhaus 15 Gartenhäuschen gegen Bankscheck. Bilden Sie den Buchungssatz für den Verkauf.

MK : 723,00 €
FL : 56,10 €
+ FGK : 70,13 €
+ SEdF: /
= FK : 126,23 €
= HK : 849,23 €
+ VwGK : 38,22 €
+ VtGK : 25,48 €
= SK : 912,93 €
+ Gewinn : 54,78 €
= BVP : 967,71 €

+ Skonto : 29,93 €
= ZVP : 997,64 €
+ Rabatt : 249,41 €
= LVP : 1.247,05 €

2. 2800 BK 17.807,87 € an 5000 VEFE 14.964,60 €
4800 VST 2.843,27 €

III-35
S. 114

Die mechanische Werkstätte Pirkl in Forchheim kalkuliert ein Garagen-Federzug-Tor nach folgenden Unterlagen.
Bearbeiten Sie die dazugehörigen Aufgaben.

Material: Rechteckkonstruktion   39,10 €
         Blendrahmen   16,90 €
         Federzugbeschlag   132,00 €
         Fichtenschalung   89,60 €
         sonstiges Material   69,00 €
                                 346,60 €

Materialgemeinkosten 15 %, Fertigungslöhne 124,00 €, Sonderbeschlag 45,00 €, Gemeinkosten für Fertigung 150 %, Gewinn 10 %, Skonto 3 %

1. Ein Teil des benötigten Materials ist nicht auf Lager. Bilden Sie die Buchungssätze für die Zieleinkäufe von
   a) Schrauben, netto 85,00 €,
   b) Schalungsbretter (Fichte), netto 89,60 €,
   c) Sonderbeschlag (siehe oben).
2. Zu welchem Preis bietet die Werkstätte ein Tor an?
3. Wie lauten die Buchungssätze
   a) für den Zielverkauf?
   b) für den Zahlungseingang (Bankkonto) innerhalb der Skontofrist?

III-36

Lösen Sie folgende Aufgabe:

1. Kalkulieren Sie den Listenpreis für ein Steuergerät (Automat) zum Streuen von Split auf Straßen (Ergebnis auf volle € aufrunden).

Fertigungsmaterial gesamt	4.000,00 €
Materialgemeinkosten	15,00 %
Fertigungslöhne	1.200,00 €
Fertigungsgemeinkosten	150,00 %
Verwaltungs- und Vertriebsgemeinkosten	15,00 %
Gewinn	5,00 %
Kundenskonto	2,00 %
Kundenrabatt	4,00 %

2. Erstellen Sie ein entsprechendes Angebot an eine Straßenmeisterei (Geschäftsbrief).

```
  FM:      4.000
+ MGK:       600
= MK:     4.600 ⎤
  FL:     1.200 |
+ FGK:    1.800 ⎥ +
= FK:     3.000 ⎦
  HK:     7.600
+ VrGK ⎫
+ VtGK ⎬   1.140
= SK:     8.740
+ Gewinn:   437
= BVP:    9.177
+ Skonto  183,54
= ZVP:  9.360,54
+ Rabatt  374,42
= LVP:  9.734,96
          9.735
```

III-37

Eine Möbelfabrik führt in ihrem Sortiment einen Wohnzimmerschrank. Zur Herstellung wird folgendes Material benötigt. Bearbeiten Sie die dazugehörigen Aufgaben.

Massivholz	50,00 €
Furniere	200,00 €
Platten	145,00 €
sonstiges Material	20,00 €
Beschläge	125,00 €

Der Materialgemeinkostenzuschlagsatz beträgt 5 %.

Fertigungslöhne 130,50 €

Der Fertigungsgemeinkostenzuschlagsatz beträgt 370 %.

Der Betrieb kalkuliert mit 30 % Verwaltungs- und Vertriebsgemeinkosten und 10 % Gewinn. Weiter werden 3 % Skonto und 5 % Rabatt verrechnet.

1. Ermitteln Sie den Listenverkaufspreis für einen Schrank.
2. Bilden Sie den Buchungssatz für den Zielverkauf von 5 Schränken an ein Möbelhaus, wenn netto 300,00 € Fracht in Rechnung gestellt werden.
3. Wie lautet bei der Möbelfabrik der Buchungssatz für eine Gutschrift aufgrund einer Mängelrüge an das Möbelhaus in Höhe von netto 500,00 €?

III-38

Kalkulieren Sie aufgrund der aufgeführten Daten einer Zahnradfabrik den Angebotspreis für ein Getriebe.

Fertigungsmaterial	732,00 €
Materialgemeinkosten	14,20 %
Fertigungslöhne 9 Std. zu 27,00 €	?
Fertigungsgemeinkosten	230,00 %
Sondereinzelkosten der Fertigung:	
Härtekosten	55,10 €
anteilige Einrichtungskosten	40,00 €
Verwaltungs- und Vertriebsgemeinkosten	28,50 %
Gewinn	10,00 %

1. Führen Sie die Stückkalkulation durch.
2. Bilden Sie den Buchungssatz für den Zielverkauf von 10 Stück.
3. Aufgrund einer Mängelrüge sendet der Kunde 3 Getriebe zurück und erhält eine Gutschrift in voller Höhe. Bilden Sie den Buchungssatz.

1.
FM	732,00
+ MGK	103,94
= MK	835,94
FL	243,00
+ FGK	558,90
+ SKF	95,10
= FK	897,00
+ KdE	1.732,94
+ Mi	/
− Me	/
= HKdU	1.732,94
+ VwGK	246,94
+ VtGK	246,94
= SK	2.226,83
+ Gewinn	222,68
= BVP	2.449,51
+ Skonto	/
= ZVP	2.449,51
+ Rabatt	/
= LVP	2.449,51

2. 2400 FO 29.149,17 € an 5000 UE FE 24.495,10
              6800 UST 4.654,07

3. 5000 UE FE 7.348,53 an 2400 FO 8.744,75
      6800 UST 1.396,22

III-39

Eine Kunststofffabrik stellt u. a. Skalen für Stereoanlagen her. Zu welchem Preis können 1 000 Stück angeboten werden, wenn bei einer Losgröße (Menge, die ohne Maschinenumrüstung produziert wird) von 10 000 Stück folgende Kosten anfallen?

Fertigungsmaterial 200 kg Plexi zu 6,50 € je kg		?
Materialgemeinkosten	1 %	
Fertigungslöhne 14,5 Std. zu 24,00 €		?
Fertigungsgemeinkosten	115 %	
Verwaltungs- und Vertriebsgemeinkosten	30 %	
Gewinn	5 %	
Kundenskonto	3 %	

III-40

Sonja Krönle sucht nach Möglichkeiten der Kosteneinsparung, um den Auftrag von Giovanni (siehe Fallbeispiel 1 im Buch S. 115) kostendeckend abwickeln zu können.

Bei einem neuen Großhandelsunternehmen könnte sie die Stahlbleche zu einem günstigeren Einstandspreis erwerben.

1. Führen Sie Gründe auf, die Sonja Krönle veranlassen könnten, das Angebot der Großhandelskette anzunehmen bzw. abzulehnen.
2. Sonja Krönle kauft nicht beim neuen Anbieter ein. Nehmen Sie zu dieser Entscheidung Stellung, wenn sie für den Auftrag von Giovanni mit einem Rohstoffverbrauch von knapp 2.800,00 € netto rechnen muss.

III-41

Die Maschinenfabrik Guß in Marktredwitz kalkuliert üblicherweise mit 8 % Gewinn,
2 % Kundenskonto und 25 % Kundenrabatt.
Ein neuer Kunde beharrt auf einem Skontosatz von 3 %.

1. Kalkulieren Sie den Listenverkaufspreis einer Maschine vom Typ D3, Selbstkostenpreis 43.400,00 € zu den üblichen Bedingungen.
2. Um den Kunden zu gewinnen, wird seinem Drängen nach 3 % Skonto nachgegeben. Wie hoch ist dann der Gewinn in € und in Prozenten?
3. Bilden Sie den Buchungssatz
   a) für den Zielverkauf der Maschine,
   b) für den Zahlungseingang (Banküberweisung) innerhalb der Skontofrist, wenn der Kunde die 3 % Skonto abgezogen hat.

```
  SK         :  43.400,00 €
+ Gewinn 8%  :   3.472,00 €
= ZVP        :  46.872,00 €
+ Skonto 2%  :     937,44 €
= BVP        :  47.809,44 €
+ Rabatt 2,5 :   1.195,24 €
= LVP        :  49.004,68 €
```

III-42

Im Industrieunternehmen Mager, Wolfratshausen, sind folgende Angaben bekannt:

Selbstkosten	7 850,00 €
Verwaltungsgemeinkosten	7 %
Fertigungsmaterial	1.250,00 €
Vertriebsgemeinkosten	4 %
Materialgemeinkosten	45 %

Wie hoch sind die Fertigungslöhne, wenn die Fertigungsgemeinkosten 100 % betragen?

III-43

	A	B	C	D	E	F	G	H
1	Kostenkontrollrechnung für Auftrag Dienstbier							
2			Vorkalkulation			Nachkalkulation		Über- oder
3			Sollkosten			Istkosten		Unterdeckung
4		%	€	€	%	€	€	€
5	Fertigungsmaterial (FM)			10,00			10,30	-0,30
6	+ Materialgemeinkosten (MGK)	11,50	1,15		11,17	1,15		0,00
7	Materialkosten (MK)			11,15			11,45	
8	Fertigungslöhne (FL)			68,00			68,05	-0,05
9	+ Fertigungsgemeinkosten (FGK)	58,00	39,44		60,00	40,83		-1,39
10	Fertigungskosten (FK)			107,44			108,88	
11	Herstellkosten (HK)			118,59			120,33	
12	+ Verwaltungsgemeinkosten (VwGK)	8,33		9,88	7,55		9,08	0,80
13	+ Vertriebsgemeinkosten (VtGK)	4,59		5,44	4,30		5,17	0,27
14	Selbstkosten (SK)			133,91			134,58	
15	+ Gewinn (G)	5,00		6,70	5,51		7,42	0,71
16	Verkaufspreis (VP)			140,61			142,00	

In der vorstehenden Kostenkontrollrechnung für den Auftrag Dienstbier sind zahlreiche Abweichungen von geplanten und tatsächlichen Werten gegeben. Lösen Sie folgende Aufgabe:

Geben Sie eine Gesamtinterpretation der Kostenkontrollrechnung, indem Sie auf alle Änderungen und jeweils auf ihre mögliche Ursache eingehen.

III-44

In einem Unternehmen entstanden laut BAB im Juni folgende Gemeinkosten. Lösen Sie die dazugehörigen Aufgaben.

Materialgemeinkosten	42.000,00 €
Fertigungsgemeinkosten	324.000,00 €
Verwaltungs- und Vertriebsgemeinkosten	153.000,00 €
An Einzelkosten fielen an:	
Fertigungsmaterialverbrauch	350.000,00 €
Fertigungslöhne	180.000,00 €
Bestandsveränderungen:	
Minderbestand an unfertigen Erzeugnissen	16.000,00 €
Mehrbestand an fertigen Erzeugnissen	12.000,00 €

1. Wie hoch sind die Herstellkosten des Umsatzes?
2. Stellen Sie die Istzuschlagsätze fest.
3. Dieser Betrieb kalkulierte bisher mit 13 % Materialgemeinkosten, 185 % Fertigungsgemeinkosten und 18 % Verwaltungs- und Vertriebsgemeinkosten. Vergleichen Sie die Istzuschlagsätze mit den Normalzuschlagsätzen und stellen Sie eine eventuelle Über- oder Unterdeckung fest.

III-45

Lösen Sie folgende Aufgabe:

Die Vorkalkulation ergab für einen Kleinmotor einen Nettoverkaufspreis von 210,00 €. Hier kalkulierte die Firma 40,00 € Gewinn ein. In der Nachkalkulation stellte sich heraus, dass die Selbstkosten um 10,00 € zu niedrig angesetzt waren. Wie viel Prozent betrug der tatsächliche Gewinn?

III-46

In der Kostenstelle II (Fertigung) eines BAB betragen die Gemeinkosten 297.600,00 €. An Fertigungslöhnen wurden tatsächlich 124.000,00 € bezahlt, während der Normalgemeinkostenzuschlag der Vorkalkulation 250 % war. Lösen Sie folgende Aufgaben:

1. Stellen Sie fest, mit wie viel Normalgemeinkosten gerechnet wurde.
2. Wie hoch ist die Kostenüber- oder -unterdeckung?

III-47

Lösen Sie folgende Aufgaben:

1. Stellen Sie bei dem Rechenblatt im Buch auf Seite 119 alle Eingabe- und alle Ausgabezellen fest.
2. Erstellen Sie am PC ein solches/ähnliches Rechenblatt, mit dem Sie dann 3. lösen können.
3. Stellen Sie die Netto-Angebotspreise fest und aufgrund der Nachkalkulation den tatsächlichen Gewinn je Auftrag:

	Material €	MGK %	F-Löhne €	FGK %	VwGK %	VtGK %	Gewinn %
a) Vorkalk.	800,00	5,00	1.000,00	150,00	7,50	8,00	4,00
Nachkalk.	780,00	5,00	1.100,00	150,00	8,00	8,50	?
b) Vorkalk.	1.250,00	8,00	800,00	200,00	9,00	10,00	5,00
Nachkalk.	1.300,00	7,50	780,00	190,00	8,00	9,00	?
c) Vorkalk.	2.500,00	4,00	1.600,00	120,00	6,00	6,00	8,00
Nachkalk.	2.400,00	4,00	1.650,00	125,00	5,50	6,50	?

4. Stellen Sie fest, wie sich bei 3b die Änderung auf den Gewinn auswirkt.

Sie können Ihr Rechenblatt ausdrucken und hier einkleben.

III-48

Ein Werk zur Herstellung von Stahlkonstruktionen erhält von einer Stadt den Zuschlag zur Erneuerung eines Fußgängersteges. Die Fundamente sind vorhanden. Das Streichen wird an eine Malerfirma vergeben. Bearbeiten Sie folgende Aufträge:

1. Erstellen Sie die Angebotskalkulation.

Fertigungsmaterial	3 000 kg zu 900,00 €/t
Fertigungslöhne	115 Std. zu 44,00 €
Verwaltungs- u. Vertriebsgemeinkosten	12,00 %
Gewinn	10,00 %
Fertigungsgemeinkosten	120,00 %
Materialgemeinkosten	4,00 %

2. Führen Sie die Kostenkontrollrechnung durch, wenn 2 950 kg Fertigungsmaterial zu je 9,25 €/kg verwendet wurden und die Arbeiter 102 Stunden beschäftigt waren.

III-49

In einem Industrieunternehmen wurden bei der Vorkalkulation eines Produktes Materialkosten in Höhe von 780,00 € und Fertigungskosten in Höhe von 1.830,00 € angesetzt. Der Normalzuschlagsatz für Verwaltungs- und Vertriebsgemeinkosten betrug 17 %.

Die Nachkalkulation ergab, dass der Selbstkostenpreis eingehalten werden konnte, obwohl bei den VwGK/VtGK 18 % Ist-kosten entstanden sind und bei den Materialkosten eine Unterdeckung von 15,00 € eingetreten ist.

Stellen Sie die Differenz bei den Fertigungskosten fest, und geben Sie an, ob es sich um eine Über- oder Unterdeckung handelt.

III-50

Im Industrieunternehmen Binder, Hösbach, ergab die Vorkalkulation für eine Maschine einen Barverkaufspreis von 2.595,72 €. Das Unternehmen gewährt seinen Kunden bei Zahlung innerhalb von 8 Tagen 3 % Skonto. Bearbeiten Sie folgende Aufgaben:

1. Berechnen Sie den Zielverkaufspreis netto.
2. Bilden Sie den Buchungssatz für den Zielverkauf von 20 Maschinen.
3. Bei der Nachkalkulation wurden Selbstkosten in Höhe von 2.472,50 € und eine Gesamtunterdeckung von 309,40 € je Maschine ermittelt.
    a) Ermitteln Sie die Selbstkosten der Vorkalkulation.
    b) Berechnen Sie den Gewinn der Vorkalkulation in € und in %.
    c) Wie hoch sind die Materialkosten der Nachkalkulation, wenn die Fertigungskosten 1.700,00 € ausmachen und der Zuschlagsatz für die Verwaltungs- und Vertriebsgemeinkosten 15 % beträgt?

III-51

Das Industrieunternehmen Schraml in Sulzbach-Rosenberg stellt Kanaldeckel aus Stahlguss her. Für die neue Produktionsserie muss ein neuer umweltschonender Schmelzofen für Gussformen angeschafft werden. Die Investitionskosten belaufen sich auf insgesamt 1.400.000,00 € netto. Bearbeiten Sie folgende Aufgaben:

1. Bilden Sie den Buchungssatz für die Anschaffung des Schmelzofens (die Rechnungen liegen jeweils vor), wenn für das Fundament 36.000,00 € netto, für den Elektroanschluss 7.800,00 € netto und für die Computersteuerung 26.200,00 € netto anfallen.

2. Das Unternehmen entscheidet sich für die degressive Abschreibung der Maschine. Nennen Sie hierfür einen Grund.

3. „Hinsichtlich der Kosten- und Leistungsrechnung ist das unter 2. gewählte Abschreibungsverfahren problematisch." Erklären Sie diese Aussage und ihre Richtigkeit.

4. Die Abgrenzungsrechnung gestattet es, das unter 3. beschriebene Problem zu vermeiden. Wie wird in der Abgrenzungsrechnung die bilanzmäßige Abschreibung behandelt (Fachbegriff)?

5. Wie hoch ist der Unterschied zwischen der bilanzmäßigen Abschreibung (Höchstabschreibungssatz) und der kalkulatorischen Abschreibung (geschätzte Nutzungsdauer $12\,{}^{1}/_{2}$ Jahre) in € im ersten Nutzungsjahr (Anschaffung im ersten Halbjahr)?

III-52

Das Industrieunternehmen Mitterer, Waldsassen, stellt vollautomatische Fräsmaschinen her und bietet eine Maschine zu einem Listenverkaufspreis von 224.000,00 € netto an.

Bearbeiten Sie folgende Aufgaben.

1. An Fertigungskosten entstehen 87.500,00 €, an Verwaltungs- und Vertriebsgemeinkosten insgesamt 30.000,00 €. Das Unternehmen kalkuliert mit 12 % Gewinn und 2 % Kundenskonto. Berechnen Sie die Materialkosten.
2. Ermitteln Sie die Fertigungslöhne, wenn der Fertigungsgemeinkostenzuschlag 75 % beträgt.
3. Am 15.03. wurde eine Maschine zu folgenden Bedingungen verkauft: 30 Tage Ziel, bei Zahlung innerhalb von 10 Tagen 2 % Skonto.

    Bilden Sie die Buchungssätze

    a) für die Ausgangsrechnung,   b) für den Zahlungseingang auf dem Bankkonto am 24.03.
4. Wie hoch waren die Fertigungskosten in der Nachkalkulation, wenn eine Überdeckung von 500,00 € festgestellt wurde?

III-53

Das Industrieunternehmen Schwarzenberger, Münchberg, kalkuliert bei der Herstellung einer Maschine u. a. mit nachfolgenden Werten.

Fertigungsmaterial	31.000,00 €
Fertigungslöhne	34.000,00 €
Herstellkosten	119.720,00 €
Materialgemeinkostenzuschlag	12,00 %
Vw-/Vt-Gemeinkostenzuschlag	12,00 %

Bearbeiten Sie dazu folgende Aufgaben.

1. Berechnen Sie
   a) die Materialkosten,
   b) die Fertigungsgemeinkosten in € und in %,
   c) die Selbstkosten.
2. Wie hoch waren die tatsächlichen Selbstkosten, wenn sich in der Nachkalkulation eine Überdeckung von 1.664,00 € ergab?
3. Berechnen Sie den tatsächlichen Gewinn in € und in %, wenn die Maschine für 153.360,00 € netto verkauft wurde.
4. Wie lauten die Buchungssätze
   a) für den Zielverkauf der Maschine,
   b) für den Rechnungsausgleich durch Verrechnungsscheck?

III-54

Folgende Angaben aus der Kosten- und Leistungsrechnung eines Industrieunternehmens sind bekannt.

Materialgemeinkosten	150.000,00 €
Fertigungskosten	400.000,00 €
Bestandserhöhungen	1.000,00 €
Selbstkosten	1.090.000,00 €
Zuschlagsatz für Materialgemeinkosten	30,00 %
Zuschlagsatz für Fertigungsgemeinkosten	33 $^1/_3$ %

Bearbeiten Sie die Aufgaben.

1. Ermitteln Sie die Fertigungslöhne.
2. Berechnen Sie den Rohstoffeinsatz.
3. Bilden Sie den Buchungssatz für den Rohstoffkauf auf Ziel.
4. Ermitteln Sie den Zuschlagsatz für die Verwaltungs-/Vertriebsgemeinkosten.

III-55

Aus dem Betriebsabrechnungsbogen des Industrieunternehmens Knoll, Kötzting, sind u. a. folgende Angaben bekannt.

Materialgemeinkosten	1.800,00 €
Fertigungskosten	68.200,00 €
Herstellkosten des Umsatzes	86.100,00 €
Selbstkosten	101.598,00 €
Fertigungsgemeinkostenzuschlag	210,00 %
Materialgemeinkostenzuschlag	12,50 %

Zusätzliche Angaben:

Fertigerzeugnisse: Anfangsbestand	23.000,00 €
Endbestand	18.700,00 €

Bearbeiten Sie die Aufgaben.

1. Ermitteln Sie
   a) den Rohstoffverbrauch,
   b) die Fertigungslöhne,
   c) die Art und die Höhe der Bestandsveränderung bei den unfertigen Erzeugnissen.
2. Bilden Sie die Buchungssätze für
   a) die Bestandsveränderung bei den Fertigerzeugnissen,
   b) den Abschluss des Kontos Bestandsveränderungen.
3. Berechnen Sie den Verwaltungs- und Vertriebsgemeinkostenzuschlag in € und in Prozenten.
4. In der Vorkalkulation wurden die Selbstkosten für ein bestimmtes Erzeugnis mit 480,00 € ermittelt. In der Nachkalkulation ergab sich eine Unterdeckung von 15,00 €. Wie hoch waren die Istkosten?

III-56

Ein Vertreter fragt bei der Kunststoffschlosserei Berger in Landsberg nach dem Preis für eine Kunststoffwanne in der Größe 1 890 mm x 610 mm x 380 mm. Die Schlosserei kalkuliert mit folgenden Werten:

Material einschließlich Verschnitt	312,00 €
Gewinn	10,00 %
Fertigungslöhne	240,00 €
Verwaltungs- u. Vertriebsgemeinkosten	7,50 %
Fertigungsgemeinkosten	125,00 %
Skonto	2,00 %

Bearbeiten Sie die Aufgaben.

1. Kalkulieren Sie den Angebotspreis.
2. Der Abnehmer will höchstens einen Preis von 1.000,00 € akzeptieren. Wie hoch wäre dann der Gewinn der Schlosserei in € und in %?

III-57

Bearbeiten Sie folgende Aufgaben:

1. Nennen Sie jeweils die Zuschlagsgrundlage für die Gemeinkostenarten:
   a) Verwaltungsgemeinkosten
   b) Fertigungsgemeinkosten
   c) Materialgemeinkosten
2. Erklären Sie den Unterschied zwischen der Gesamtkalkulation und der Stückkalkulation.
3. Bringen Sie folgende Begriffe in einen sinnvollen Zusammenhang und beschreiben Sie diesen Sachverhalt in Form eines Kurzvortrages:

   Aufwendungen und Erträge laut Geschäftsbuchführung, Kostenkontrollrechnung, Betriebsabrechnungsbogen, Kostenträgerrechnung, Kostenstellenrechnung, Abgrenzungstabelle, Zusatz- und Anderskosten, Verteilungsschlüssel, Kosten und Leistungen, Gemeinkostenzuschlagsätze, Kostenartenrechnung, Normalkosten, Über- und Unterdeckung, Angebotskalkulation

III-58

Berechnen Sie die Über- bzw. Unterdeckung in € für den Kostenträger, wenn bei der Vor- bzw. Nachkalkulation für eine Drehbank mit folgenden Beträgen gerechnet wurde.

Bei der Vorkalkulation werden folgende Kosten berücksichtigt:

Fertigungsmaterial	3.000,00 €
Fertigungslöhne	7.000,00 €
Materialgemeinkosten	210,00 €
Fertigungsgemeinkosten	15.050,00 €
Verwaltungsgemeinkosten	2.273,40 €
Vertriebsgemeinkosten	3.031,20 €

Bei der Nachkalkulation werden folgende Einzelkosten und Istzuschlagsätze berücksichtigt:

Fertigungsmaterial	3.400,00 €
Fertigungslöhne	6.500,00 €
Materialgemeinkosten	8,00 %
Fertigungsgemeinkosten	220,00 %
Verwaltungsgemeinkosten	9,00 %
Vertriebsgemeinkosten	11,00 %

III-59

Der Kalkulation für ein Fertigerzeugnis lagen im Industrieunternehmen Gerber in Plattling bisher folgende Daten zugrunde:

Fertigungskosten	520,00 €
Materialgemeinkostenzuschlag	15,00 %
Verwaltungs-/Vertriebsgemeinkostenzuschlag	25,00 %
Kundenrabatt	10,00 %

Die Marktsituation erfordert für dieses Fertigerzeugnis eine Senkung des Angebotspreises auf nunmehr 1.440,00 € netto. Da der bisherige Gewinn nicht geschmälert werden soll, will das Unternehmen die Preissenkung durch eine Kosteneinsparung im Materialbereich auffangen. Die Herstellkosten je Stück sollen deshalb 980,00 € nicht übersteigen.
Bearbeiten Sie die Aufgaben.

1. Wie hoch dürfen unter diesen Bedingungen die Kosten für das Fertigungsmaterial je Stück höchstens sein?
2. Mit welchem Gewinn (in € und in %) kalkuliert das Unternehmen?
3. Bilden Sie den Buchungssatz für die Ausgangsrechnung über eine Lieferung von zehn Stück, wenn der Rabatt sofort gewährt wird.
4. Der Kunde beanstandet die fehlerhafte Lackierung der ihm gelieferten Erzeugnisse. Das Unternehmen gewährt daraufhin einen Preisnachlass und schreibt dem Kunden 950,00 € netto gut.
   Bilden Sie dafür den Buchungssatz.
5. Bilden Sie den Buchungssatz für den Eingang des Restbetrages auf dem Bankkonto des Unternehmens.

III-60

Im Industrieunternehmen Brauner, Lindau, ergab die Vorkalkulation für eine Produktionsmaschine einen Zielverkaufspreis von 4.950,00 € netto. Bearbeiten Sie folgende Aufgaben:

1. Bilden Sie den Buchungssatz für den Zielverkauf von 25 Maschinen.
2. Bei der Nachkalkulation wurden je Maschine Selbstkosten in Höhe von 4.400,00 € festgestellt. Damit ergab sich eine Überdeckung von 220,00 €.
   a) Ermitteln Sie die Selbstkosten der Vorkalkulation für eine Maschine.
   b) Berechnen Sie den Gewinn der Vorkalkulation in € und in %, wenn 2 % Kundenskonto zu berücksichtigen sind.
   c) Die Materialkosten betragen 1.400,00 €. Der gemeinsame Zuschlagsatz für die Verwaltungs- und Vertriebsgemeinkosten liegt bei 6 $\frac{2}{3}$ %. Wie hoch sind die Fertigungskosten der Nachkalkulation?

III-61

Bilden Sie die Buchungssätze zu folgenden Geschäftsfällen:
1. Erfassung der Personalaufwendungen (Banküberweisung):
   Bruttolöhne   5.000,00 €
   einbehaltene Abzüge   1.740,00 €
   Arbeitnehmeranteil zur Sozialversicherung   800,00 €
   Arbeitgeberanteil zur Sozialversicherung   750,00 €
2. Durch Banküberweisung werden gezahlt:
   Einkommensteuervorauszahlung   5.000,00 €
   einbehaltene Lohnsteuer (siehe 1.)   ? €
   Sozialversicherungsbeiträge (siehe 1.)   ? €
   Umsatzsteuerzahllast   1.150,00 €

3. Eingangsrechnung: Kauf eines neuen Lkws, Kaufpreis netto　310.000,00 €
　Überführungs- und Zulassungskosten, netto　500,00 €
4. Verkauf eines gebrauchten Lkws (Buchwert 48.000,00 €) für netto auf Ziel　42.500,00 €
5. Kauf von Verpackungskartons gegen Rechnung, Bruttopreis　464,00 €
6. Bankeinzug der Stromrechnung, netto　320,00 €
7. Gutschrift vom Lieferer für zurückgesandte Hilfsstoffe, netto　310,00 €
8. Begleichung einer Rechnung des Rohstofflieferers nach Abzug von 3 % Skonto durch Banküberweisung　15.190,20 €
9. Eingangsrechnung: Rohstoffe, netto abzüglich 33⅓ % Rabatt zahlbar innerhalb 8 Tagen mit 2 % Skonto, innerhalb von 30 Tagen ohne Abzug　15.000,00 €
　Wie lauten die Buchungssätze　　　　b) für die Barzahlung an den Spediteur für diese Lieferung, brutto?

III-62

Beantworten Sie die folgenden Fragen:
1. Welchem Ziel dient die Rückwärtskalkulation?

2. Was ist unter Normalkosten zu verstehen?

3. Welche Aufgaben hat die Kostenkontrollrechnung?

4. Wie wirkt sich eine Kostenüberdeckung aus?

5. Die Herstellkosten der Erzeugung betragen 18,6 Mio. €, die Herstellkosten des Umsatzes 19,4 Mio. €. Was folgt daraus?

6. Die Verwaltungsgemeinkosten betragen 6 % = 18.240,00 €, die Vertriebsgemeinkosten 15.200,00 €. Wie hoch sind die Herstellkosten des Umsatzes und der Vertriebsgemeinkostenzuschlagsatz?

7. In der Vorkalkulation wird mit 10 % Gewinn gerechnet. Die Nachkalkulation ergibt einen um 6 % gestiegenen Selbstkostenpreis. Wie hoch ist der tatsächliche Gewinn in Prozenten, wenn der Verkaufspreis unverändert bleibt?

III-63

S. 129

Aus der Kalkulation des Industrieunternehmens Sterner in Feuchtwangen liegen diese Angaben vor.

Materialkosten	94.500,00 €	
Materialgemeinkostenzuschlag	5,00 %	
Fertigungsgemeinkostenzuschlag	160,00 %	
Herstellkosten der Erzeugung	272.000,00 €	
Selbstkosten	308.700,00 €	
	Anfangsbestand	Schlussbestand
Unfertige Erzeugnisse	236.500,00 €	233.000,00 €
Fertigerzeugnisse	452.600,00 €	454.300,00 €

Bearbeiten Sie dazu folgende Aufgaben:
1. Berechnen Sie den Rohstoffverbrauch.
2. Berechnen Sie die Höhe der Fertigungslöhne.
3. Erstellen Sie das Konto 5200 Bestandsveränderungen, nehmen Sie die notwendigen Eintragungen vor, schließen Sie das Konto ordnungsgemäß ab und bilden Sie dafür den Buchungssatz.
4. Ermitteln Sie den gemeinsamen Zuschlagsatz für die Verwaltungs- und Vertriebsgemeinkosten.

S. 142

III-64

Erstellen Sie mithilfe Ihres Tabellenkalkulationsprogramms eine Tabelle nach dem Muster im Buch, Seite 142 und bereiten Sie dazu jeweils eine Grafik auf zur Entwicklung der Kosten mit zunehmender Stückzahl für:

1. die variablen Kosten je Stück,
2. die fixen Kosten je Stück,
3. die variablen Kosten gesamt.

Sie können Ihre Tabelle und Grafiken ausdrucken und hier einkleben.

III-65

Bearbeiten Sie folgende Aufgaben:

1. Erklären Sie den Unterschied zwischen Voll- und Teilkostenrechnung.
2. Welcher Unterschied besteht zwischen den variablen und den fixen Kosten?
3. Erklären Sie die Stückkostenentwicklung
   a) bei den variablen und
   b) bei den fixen Kosten.

III-66

Bearbeiten Sie die Aufgaben zum Abrechnungsschema der Deckungsbeitragsrechnung.

1. Weshalb werden von den Nettoverkaufserlösen zunächst die variablen Kosten abgezogen?
2. Erklären Sie den Ausdruck Deckungsbeitrag/Stück bzw. Deckungsbeitrag gesamt.
3. In welchen Zeilen sind sogenannte Eingabezellen?
4. Wie lautet jeweils die Formel in den Zellen
   a) B11,
   b) C13 ?

	A	B	C
2		€	€
3	Nettoverkaufspreis (NVP) je Stück	114,00	
4	variable Kosten (VK) je Stück	106,00	
5	Produktion (≙ Absatz) in Stück	1750	
6	fixe Kosten (FK)	24.500,00	
7		bei Annahme	bei Ablehnung
8	Nettoverkaufserlöse (NVE)/Stück	114,00	0,00
9	- variable Kosten (VK)/Stück	106,00	0,00
10	Deckungsbeitrag (DB)/Stück	8,00	0,00
11	Deckungsbeitrag (DB) gesamt	14.000,00	0,00
12	- fixe Kosten (FK)	24.500,00	24.500,00
13	Betriebsergebnis (Gewinn/Verlust)	-10.500,00	-24.500,00

III-67

Berechnen Sie jeweils das Betriebsergebnis.

	Erlös/Stück	Kosten variabel/St.	Kosten fix	Produktion ≙ Absatz
1.	35,00 €	22,00 €	55.000,00 €	4 500 Stück
2.	142,50 €	100,00 €	310.000,00 €	10 000 Stück
3.	85,70 €	42,50 €	1.100.000,00 €	25 000 Stück

	1.	2.	3.
ME	157.500,00 €	1.425.000,00 €	2.142.500,00 €
− variable Ko	99.000,00 €	1.000.000,00 €	1.062.500,00 €
= DB	58.500,00 €	425.000,00 €	1.080.000,00 €
− fixe Ko	55.000,00 €	310.000,00 €	1.100.000,00 €
= BE	3.500,00 €	115.000,00 €	− 20.000,00 €

III-68

Bearbeiten Sie zu folgendem Rechenblatt folgende Aufgaben:

	A	B	C
1	**Entscheidungssituation**		
2		€	€
3	Nettoverkaufspreis (NVP) je Stück	199.000,00	
4	variable Kosten (VK) je Stück	147.500,00	
5	Produktion (∆Absatz) in Stück	1	
6	fixe Kosten (FK)	24.500,00	
7		bei Annahme	bei Ablehnung
8	Nettoverkaufserlöse (NVE)/Stück	199.000,00	0,00
9	- variable Kosten (VK)/Stück	147.500,00	0,00
10	Deckungsbeitrag (DB)/Stück	51.500,00	0,00
11	Deckungsbeitrag (DB) gesamt	51.500,00	0,00
12	- fixe Kosten (FK)	57.500,00	57.500,00
13	Betriebsergebnis (Gewinn/Verlust)	-6.000,00	-57.500,00

Das Bau-Unternehmen Maier stellt Fertighäuser her. Aufgrund der konjunkturellen Situation ist es nur zu 60 % ausgelastet

1. Erklären Sie den Ausdruck „Aufgrund der konjunkturellen Situation ist es nur zu 60 % ausgelastet".
2. Geben Sie eine Begründung dafür, dass der Unternehmer Maier den Auftrag für das Fertighaus annehmen sollte.

III-69

Im Unternehmen Groß, Schweinfurt, werden 150 000 Stück produziert und zu 19,50 € pro Stück abgesetzt. Die variablen Kosten betragen je Stück 10,00 €, die Fixkosten 1,2 Mio. €. Bearbeiten Sie folgende Aufgaben:

1. Wie hoch ist der Deckungsbeitrag je Stück?
2. Berechnen Sie das Betriebsergebnis.
3. Wie hoch sind die Selbstkosten?

III-70

Welche Aussagen über den Deckungsbeitrag (DB) sind richtig (mit Begründung)?

Aussagen	richtig	Begründung
1. Der DB ist die Differenz zwischen dem Verkaufserlös und den Selbstkosten.		
2. Der DB je Stück wird größer, wenn bei gleichbleibenden Erlösen/Stück die variablen Kosten/Stück steigen.		
3. Der DB sinkt, wenn bei unveränderten Erlösen die variablen Kosten steigen.		
4. Der DB ist die Differenz zwischen den variablen Kosten und den Selbstkosten.		
5. Der DB je Stück wird geringer, wenn die variablen Kosten je Stück steigen und gleichzeitig die Erlöse je Stück unverändert bleiben.		

III-71

Ein Unternehmen in Günzburg kann maximal 14 000 Stück produzieren und absetzen; die Fixkosten liegen bei 109.200,00 €. Je Stück fallen 14,20 € variable Kosten an. Bearbeiten Sie folgende Aufgaben:
1. Wie hoch sind die Selbstkosten je Stück bei 100 % Auslastung?
2. Wie hoch wären die Selbstkosten je Stück bei einer Kapazitätsauslastung von 75 %?
3. Berechnen Sie Deckungsbeitrag und Betriebsergebnis bei 75 % Kapazitätsauslastung, wenn alle produzierten Einheiten zu einem Stückpreis von 28,50 € abgesetzt werden.

III-72

Die Fertigungslöhne betragen 20,00 € pro Stück, das Fertigungsmaterial 10,00 € pro Stück, die Fixkosten 20.000,00 €.
Die Nettoerlöse pro Stück betragen 50,00 €.
Bearbeiten Sie dazu folgende Aufgaben:
1. Es werden 1 500 Stück produziert und abgesetzt.
   a) Berechnen Sie die variablen Kosten pro Stück.
   b) Berechnen Sie den Deckungsbeitrag gesamt.
   c) Wie hoch ist das Betriebsergebnis?
2. Die produzierte (und abgesetzte) Menge kann verdoppelt werden.
   a) Warum verbessert sich das Betriebsergebnis (kurze verbale Begründung)?
   b) Um wie viel € verbessert sich das Betriebsergebnis?
3. Geänderte Verbrauchergewohnheiten führen zu einem dramatischen Umsatzeinbruch. Entweder muss der Preis zurückgenommen oder die abgesetzte Menge deutlich reduziert werden.
   a) Bei welchem Nettoverkaufspreis hat das Unternehmen ein Betriebsergebnis von 0,00 €, wenn 3 000 Stück produziert (und abgesetzt) werden?
   b) Wie ändert sich dieser Verkaufspreis bei 3. a), wenn die Menge auf 2 000 Stück zurückgenommen werden muss?

III-73

Aus den Vormonaten stehen folgende Zahlen zur Verfügung.

Rechnungs-periode	Produktion in Stück	variable Kosten je Stück	Fixkosten gesamt	Stück-preis
Januar	10 000	20,00 €	140.000,00 €	36,00 €
Februar	9 000	20,00 €	140.000,00 €	36,00 €

Bearbeiten Sie folgende Aufgaben, indem Sie ein Rechenblatt (Tabellenkalkulation) einsetzen.

1. Berechnen Sie die gesamten variablen Kosten und die Gesamtkosten der Produktion in jeder Rechnungsperiode.
2. Ermitteln Sie das Betriebsergebnis für die Monate Januar und Februar.
3. Die Unternehmensleitung plant, die Produktion wegen Absatzschwierigkeiten im März auf 7 500 Stück zu reduzieren. Wie hoch sind dann Deckungsbeitrag und Betriebsergebnis?

Sie können Ihr Rechenblatt ausdrucken und hier einkleben.

III-74

Die Kartoffelstärkefabrik Pfaffenhofen/Ilm kann im Jahr bei voller Auslastung 200 000 t Kartoffelstärke herstellen. Es entstehen dabei fixe Kosten in Höhe von 4 Mio. €, wobei die Personalkosten eingerechnet werden, weil das Unternehmen die volle Belegschaft weiterbeschäftigen muss. Bearbeiten Sie nach folgenden Angaben die Aufgaben.

Variable Kosten je 1 000 kg Kartoffelstärke:

Rohstoffe   60,00 €   Energie   2,00 €
Verpackung   2,00 €   Vertrieb   5,00 €
Finanzierung   5,00 €   Gewinn   5,00 €

1. Welcher Verkaufspreis ergibt sich laut Vollkostenrechnung bei einer 100 %igen, einer 80 %igen und einer 60 %igen Auslastung?
2. Wie groß sind Deckungsbeitrag und Betriebsergebnis, wenn bei einer 80 %igen Auslastung ein Nettoverkaufserlös von 102,00 € erzielt werden kann?

III-75

Ein Zweigbetrieb der Firma Horn, Krumbach, stellt Autositzbezüge her, die zu 50,00 €/Stück verkauft werden. Die Kunden erhalten 10 % Wiederverkäuferrabatt. Pro Bezug fallen 7,00 € Fertigungslöhne und 20,00 € Fertigungsmaterial an. In einem Jahr konnten 45 000 Stück hergestellt und verkauft und so ein Betriebsgewinn von 300.000,00 € erzielt werden.

Bearbeiten Sie folgende Aufgaben:

1. Berechnen Sie den Gesamtdeckungsbeitrag.
2. Wie hoch sind die Kosten der Betriebsbereitschaft?

III-76

Erklären Sie die Bedeutung der langfristigen Preisuntergrenze für ein Unternehmen.

III-77

Erklären Sie die die Bedeutung der kurzfristigen Preisuntergrenze für ein Unternehmen.

III-78

Im Unternehmen Krönle werden im Neubau (Werk 2) gegenwärtig die Topfserien HS-TPF1 und HE-TPF 7 produziert.
Bestimmen Sie mithilfe Ihres Tabellenkalkulationsprogramms:

1. jeweils die kurzfristige Preisuntergrenze von
   a) HS-TPF1,
   b) HE-TPF7.
2. die langfristige Preisuntergrenze von HE-TPF7, wenn davon 600 Sets produziert werden.

	Hotel-Exklusive HE-TPF7	Hotel-Standard HS-TPF1
Nettoverkaufspreis/Stück	135,00 €	199,00 €
variable Kosten/Stück	106,00 €	178,00 €
Produktion (Absatz)	590 Stück	900 Stück
Fixkosten	24.500,00 €	

3. Erklären Sie anhand Ihres Abrechnungsschemas das Ergebnis (vergleichen Sie mit Seite 153 im Buch).

Sie können Ihre Rechenblätter ausdrucken und hier einkleben.

III-79

Die Firma Keller in Amberg stellt in einem Zweigwerk Fotoapparate her. Für den Monat Mai ergaben sich folgende Werte:

Produktion 3 000 Stück
variable Kosten 194,00 €/Stück
Fixkosten 168.000,00 €

Bei dieser Fertigung ergab sich ein Verlust von 45.000,00 €.
Ermitteln Sie die Gewinnschwelle rechnerisch und grafisch.

III-80

Im Unternehmen Melcher, Ochsenfurt, werden die Erzeugnisse A und B hergestellt. Bearbeiten Sie zu folgenden Angaben die Aufgaben.

Produkt	A	B
Verkaufserlöse gesamt	12.000,00 €	12.000,00 €
Erlösschmälerungen aufgrund der besonderen Marktsituation	600,00 €	5,00 %
Fertigungsmaterial gesamt	5.000,00 €	7.500,00 €
Fertigungslöhne gesamt	2.000,00 €	3.000,00 €
Fixkosten		10.500,00 €

1. Wie hoch sind die Deckungsbeiträge gesamt bei Erzeugnis A und B?
2. Wie hoch ist das Betriebsergebnis?

III-81

Lösen Sie die Aufgaben zu folgenden Angaben, indem Sie ein Rechenblatt (Tabellenkalkulation) einsetzen.

Produkt	A	B
Kapazität	5 000 Stück	4 000 Stück
Erzeugung ≙ Absatz	100,00 %	60,00 %
Nettoverkaufspreis/Stück	25,00 €	50,00 €
Nachlass	10,00 %	3,00 %
Einzelkosten/Stück	11,00 €	30,00 €
Gemeinkostenblock	87.000,00 €	

1. Berechnen Sie den Deckungsbeitrag/Stück von Artikel A und B.
2. Wie hoch und welcher Art ist das Betriebsergebnis?
3. Wie verändert sich das Betriebsergebnis, wenn von Produkt B 500 Stück mehr produziert und abgesetzt werden?

Sie können Ihr Rechenblatt ausdrucken und hier einkleben.

III-82

Die Textilfabrik Kotton, Kempten, will ihre Verkaufspreise ändern und möchte wissen, welche Auswirkungen sich dadurch – bei unveränderten Kosten – auf die Gewinnschwelle ergeben. Entscheiden Sie, welche der folgenden Aussagen in dieser Situation zutreffend sind.

1. Bei Preiserhöhungen muss die gleiche Menge abgesetzt werden, um bei der bisherigen Gewinnschwelle zu bleiben, weil die Fixkosten unverändert bleiben.
2. Bei Preiserhöhungen reicht bereits eine kleinere Absatzmenge aus, die Gewinnschwelle zu erreichen, da die Kosten unverändert bleiben.
3. Bei Preisänderungen ändert sich die Gewinnschwelle nicht, da die variablen und fixen Kosten unverändert bleiben.
4. Bei Preissenkungen reicht eine kleinere Absatzmenge aus, um die Gewinnschwelle zu erreichen, da sich im Kosten-Erlös-Diagramm die Graphen „Erlöse gesamt" und „Kosten gesamt" früher schneiden.

III-83

Im Industriebetrieb Körner, Traunstein, werden 120 000 Stück produziert und zu 29,50 €/Stück abgesetzt. Folgende Angaben liegen zusätzlich vor. Bearbeiten Sie die Aufgabe.
Die variablen Stückkosten betragen 19,00 €, die Summe der Gemeinkosten beläuft sich auf 1,1 Mio. €. Die Kapazität des Betriebes liegt bei 140 000 Stück, das Betriebsergebnis beträgt 160.000,00 € (Gewinn).
Auf welche Preisuntergrenze kann das Produkt kurzfristig zurückgenommen werden?

III-84

Das Unternehmen König in Uffenheim stellt Kopfhörer her. Bearbeiten Sie mit folgenden Angaben die Aufgaben.
Verkaufspreis 80,00 €/Stück, variable Kosten 49,90 €/Stück, jährliche Fixkosten 105.000,00 €, Jahreskapazität 10 000 Stück, Auslastung (Absatz) 63 %

1. Berechnen Sie das Betriebsergebnis (Gewinn oder Verlust), wenn den Kunden auf den Verkaufspreis 20 % Rabatt gewährt werden.
2. Der Betrieb kann den Gesamtabsatz auf 80 % der Kapazität steigern. Wie hoch ist jetzt die langfristige Preisuntergrenze, wenn den Kunden weiterhin 20 % Rabatt auf den Verkaufspreis eingeräumt werden sollen?

III-85

Break-even-Point bei der Topfserie HE-TPF5									
Veraufserlös/Stück	177,00 €			FK		24.500,00 €	VK/Stück		127,20 €
Stückzahl	0	100	200	300	400	500	600	700	800
Erlöse	0,00	17.700,00 €	35.400,00 €	53.100,00 €	70.800,00 €	88.500,00 €	106.200,00 €	123.900,00 €	141.600,00 €
Selbstkosten	24.500,00 €	37.220,00 €	49.940,00 €	62.660,00 €	75.380,00 €	88.100,00 €	100.820,00 €	113.540,00 €	126.260,00 €

Im Unternehmen Krönle wird die Topfserie HE-TPF5 produziert. Erstellen Sie mithilfe Ihres Tabellenkalkulationsprogramms diese Tabelle und bestimmen Sie den Break-even-Point

1. rechnerisch und
2. grafisch.

Sie können Ihr Rechenblatt ausdrucken und hier einkleben.

III-86

S. 155

Im Industriebetrieb Moll, Buchloe, werden zwei Erzeugnisse unter folgenden Bedingungen produziert. Lösen Sie die dazugehörige Aufgaben mithilfe Ihres Tabellenkalkulationsprogramms.

	Erzeugnis A	Erzeugnis B
Fixkosten gesamt	580.000,00 €	
optimale Auslastung bei Stück	20 000	15 000
variable Stückkosten	31,00 €	45,00 €
Nettoverkaufspreis	50,00 €	75,00 €

Bei Produkt B wird ein Absatzrückgang befürchtet. Um die optimale Auslastung der Anlagen beibehalten zu können, soll der Preis des Erzeugnisses B so weit gesenkt werden, dass ein Betriebsgewinn von 160.000,00 € verbleibt.

1. Bestimmen Sie den neuen Verkaufspreis für das Erzeugnis B.
2. Trotz Preissenkung geht der Absatz um 20 % zurück. Wie hoch ist das Betriebsergebnis?

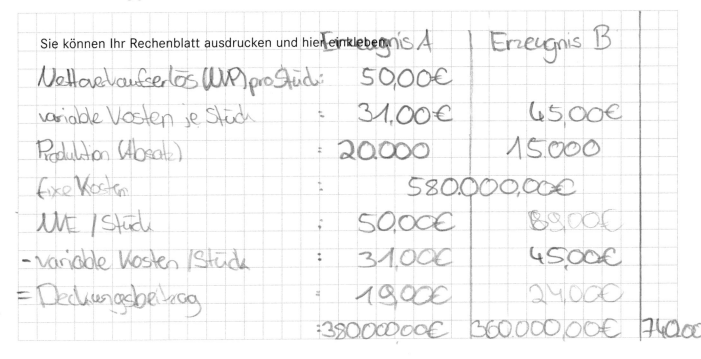

	Erzeugnis A	Erzeugnis B	
Nettoverkaufserlös (NVP) pro Stück	50,00 €		
variable Kosten je Stück	31,00 €	45,00 €	
Produktion (Absatz)	20.000	15.000	
fixe Kosten	580.000,00 €		
NVE / Stück	50,00 €	89,00 €	
- variable Kosten / Stück	31,00 €	45,00 €	
= Deckungsbeitrag	19,00 €	24,00 €	
	380.000,00 €	360.000,00 €	740.000,00

– fixe Kosten		580.000,00
= Betriebsergebnis		160.000,00

III-87

Das Unternehmen Glaser, Trostberg, erzeugt zwei Sorten Chemikalien. Bearbeiten Sie mit folgenden Angaben die Aufgaben.

	A	B
Produktionsmenge	600 t	500 t
variable Kosten je t	182,00 €	83,60 €
gesamte Fixkosten	400.000,00 €	
Erlöse	780,00 €/t	1.220,00 €/t

1. Wie hoch ist das Betriebsergebnis?
2. Der Absatz des Produktes B geht zurück.
   a) Auf welche Preisuntergrenze kann das Produkt B zurückgenommen werden, wenn auf einen Betriebsgewinn verzichtet werden soll?
   b) Auf welchen Preis kann Erzeugnis B zurückgenommen werden, damit noch ein Betriebsgewinn von 10.000,00 € erzielt wird?

	A	B
NME	780,00 €	1.220,00 €
– variable Kosten	182,00 €	83,60 €
= Deckungsbeitrag	598,00 €	1.136,40 €
= Deckungsbeitrag ges.	358.800,00 €	568.200,00 €
– Fixkosten	400.000,00 €	400.000,00 €
= Betriebsergebnis	– 41.200,00 €	168.200,00 €

III-88

Die Strumpffabrik Lýdia in Schwabach erzeugt pro Monat eine Million Strumpfhosen. 600 000 Strumpfhosen werden als Markenware abgesetzt, der Rest als markenlose Ware in Lebensmittelgeschäften. Die variablen Kosten betragen 1.200.000,00 €, die fixen Kosten 480.000,00 €. Die Markenstrumpfhosen tragen die gesamten Fixkosten. Der Nettoverkaufspreis der Markenware ist 2,20 €, der markenlosen Ware 1,40 €.
Lösen Sie folgende Aufgaben mithilfe Ihres Tabellenkalkulationsprogramms.

1. Berechnen Sie den Selbstkostenpreis (pro Stück)
   a) der Markenstrumpfhosen,
   b) der markenlosen Ware.
2. Wie hoch ist der Deckungsbeitrag
   a) der Markenware,
   b) der markenlosen Ware?
3. Wie und in welcher Höhe wird das Betriebsergebnis durch die Produktion der markenlosen Strumpfhosen verändert?

S. 158

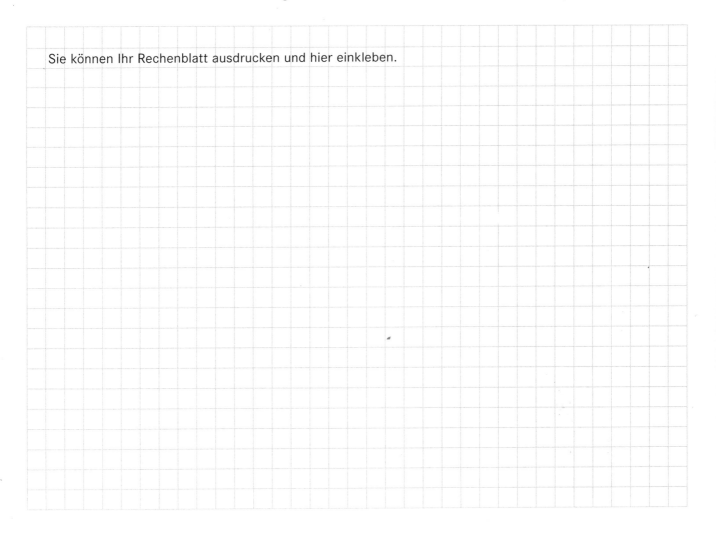

Sie können Ihr Rechenblatt ausdrucken und hier einkleben.

III-89

Das Unternehmen Horber in Augsburg produziert und verkauft von seinen beiden Erzeugnissen A und B je 1 500 Stück. Die variablen Kosten für Erzeugnis A liegen bei 25,00 € und für Erzeugnis B bei 27,00 € je Stück. Die Fixkosten der Abrechnungsperiode betragen 11.000,00 €. Bearbeiten Sie folgende Aufgaben:

1. Wie hoch ist der Nettoverkaufserlös je Stück für Erzeugnis B, wenn das Betriebsergebnis (Gewinn) 4.000,00 € beträgt und Erzeugnis A für 32,00 € je Stück verkauft wird?
2. Da sich aufgrund gestiegener Materialkosten die Herstellung von Erzeugnis B nicht mehr lohnt, wird seine Produktion ganz eingestellt. Dies führt zu Gewinneinbußen. Der Unternehmer ist bereit, auf 25 % seines bisherigen Gewinns zu verzichten.
   a) Wie müssten sich bei sonst unveränderten Bedingungen Produktion und Absatz von Erzeugnis A verändern?
   b) Wie hoch wäre dann der Gewinn?
   c) Welche langfristige Preisuntergrenze würde sich unter Berücksichtigung der obigen Veränderungen für das Erzeugnis A ergeben?

Sie können Ihre Rechenblätter ausdrucken und hier einkleben.

III-90

Die Firma Sauer in Kulmbach stellt zwei Sorten Weinessig her. Bearbeiten Sie mit folgenden Angaben die Aufgaben.

	A	B
Erzeugung ≙ Absatz	20 000 Flaschen	12 000 Flaschen
variable Kosten	19.000,00 €	8.400,00 €
Fixkosten	12.600,00 €	
Erlöse je Flasche	1,50 €	1,20 €

1. Wie hoch ist der Deckungsbeitrag je Flasche bei Sorte A und bei B?
2. Wie hoch ist das Betriebsergebnis?
3. Eine Großhandelskette bestellt von jeder Sorte weitere 5 000 Flaschen, da bei Sorte A 6 % und bei Sorte B 10 % Rabatt gewährt werden.
   Wie wird das Betriebsergebnis durch diesen Zusatzauftrag verändert?

III-91

Im Unternehmen Stein, Neumarkt, einem Betrieb zur Herstellung von Bodenplatten, entstehen im Monat Mai folgende Kosten. Bearbeiten Sie dazu die Aufgaben.

variable Kosten je m² 10,00 €, fixe Kosten insgesamt 4.000,00 €

Produziert wurden 20 000 m² zum Nettoverkaufspreis von je 12,60 €. Da die Auslastungsgrenze bei 25 000 m² liegt, soll ein Zusatzauftrag für 4 000 m² angenommen werden.

1. Wie hoch ist der Gewinn bei der Normalproduktion?
2. Bestimmen Sie die kurzfristige Preisuntergrenze für den Zusatzauftrag.
3. Wie wird das Betriebsergebnis beeinflusst, wenn der Zusatzauftrag zum Nettoverkaufspreis von 11,00 € je m² angenommen wird?

III-92

Eine Fabrik stellt zwei Produkte her (A und B). Bearbeiten Sie nach folgenden Angaben die Aufgaben.

	Produkt A	Produkt B
Nettoverkaufserlös/Stück	3,75 €	5,30 €
Fertigungsmaterial/Stück	1,35 €	3,15 €
Fertigungslöhne/Stück	1,30 €	1,10 €
Fixkosten	63.000,00 €	
Kapazität	70 000 Stück	?
Produktion (≙ Absatz)	60 000 Stück	20 000 Stück

1. Ermitteln Sie das Betriebsergebnis (Gewinn oder Verlust).
2. Berechnen Sie die Kapazität von Produkt B in Stück (Auslastung 62,5 %).
3. Eine Kaufhauskette wäre bereit, von Produkt A zusätzlich 8 000 Stück zu netto 3,40 € je Stück zu kaufen. Ein Großhändler würde von Produkt B zusätzlich 9000 Stück zu 4,95 €/Stück abnehmen. Aus betriebsinternen Gründen kann nur ein Auftrag ausgeführt werden. Begründen Sie rechnerisch, für welchen Zusatzauftrag sich das Unternehmen entscheiden wird.
4. Berechnen Sie die langfristige Preisuntergrenze von Erzeugnis B, wenn Produktion und Absatz von Erzeugnis A um 33 1/3 % zurückgehen und gleichzeitig 2.000,00 € weniger Fixkosten anfallen (ohne Zusatzauftrag von 3.).

III-93

Das Elektrounternehmen Sporer in Aschaffenburg produziert zwei Typen von Plattenspielern. Bearbeiten Sie zu folgenden Angaben die Aufgaben.

	Modell A	Modell B
Listenverkaufspreis/Stück	500,00 €	353,75 €
Kundenrabatt	10,00 %	20,00 %
variable Kosten/Stück	360,00 €	259,00 €
Fixkosten	295.000,00 €	
Kapazität	6 000 Stück	1 800 Stück
Produktion (≙ Absatz)	60,00 %	990 Stück

1. Berechnen Sie das Betriebsergebnis (Gewinn oder Verlust).
2. Wie hoch ist die Auslastung bei Modell B in %?
3. Eine Großmarktkette ist für eine Jubiläumsaktion an einem Zusatzauftrag über 1 500 Stück von Modell A interessiert, wenn auf den Listenpreis 28 % Rabatt gewährt werden. Nimmt das Elektrounternehmen den Auftrag an (rechnerische Begründung)?
4. Die Produktion von Modell B wird wegen Absatzschwierigkeiten eingestellt. Bei Modell A können Produktion und Absatz auf 5 800 Stück gesteigert werden. Die Fixkosten erhöhen sich durch die Produktionsumstellung um 8 %. Berechnen Sie den Listenverkaufspreis je Stück von Modell A, wenn ein Betriebsgewinn von 78.700,00 € erzielt wurde (ohne Zusatzauftrag).

III-94

Im Unternehmen Holz in Miesbach fielen in einem Quartal Gemeinkosten in Höhe von 150.000,00 € an. Der Betrieb hat eine maximale Kapazität von 15 000 Stück. Pro Stück fallen 16,00 € variable Kosten an. Bearbeiten Sie folgende Aufgaben:
1. Wie hoch sind die Selbstkosten je Stück bei voller Ausnutzung der Fertigungskapazität?
2. Welchen Gewinn erzielt die Firma Holz in diesem Quartal bei voller Kapazitätsauslastung insgesamt, wenn alle produzierten Einheiten zu einem Stückpreis von 30,00 € abgesetzt werden?
3. Wie hoch wären bei einer Kapazitätsauslastung von 80 % die Selbstkosten und der Gewinn je Stück?
4. Vorübergehend ist mit deutlichen Absatzproblemen zu rechnen. Die Betriebsleitung will in dieser Zeit trotzdem den Verkaufspreis halten, aber auf einen Gewinn verzichten. Welche Stückzahl muss mindestens produziert und abgesetzt werden, um dieses Ziel zu erreichen?

III-95

Die Keramikfabrik Baier in Naila stellt zwei Sorten Krüge her. Bearbeiten Sie mit folgenden Angaben die Aufgaben.

	Sorte A	Sorte B
Nettoverkaufspreis/Stück	4,20 €	? €
variable Kosten/Stück	1,70 €	2,20 €
Kapazität	14 000 Stück	12 000 Stück
Kapazitätsauslastung (≙ Absatz)	70,00 %	10 500 Stück
Fixkosten	34.500,00 €	

1. Wie viel Stück hat die Fabrik von Sorte A hergestellt und abgesetzt?
2. Berechnen Sie den Nettoverkaufspreis je Stück von Sorte B, wenn ein Betriebsgewinn von 17.300,00 € erzielt wurde.
3. Ermitteln Sie die Selbstkosten der Keramikfabrik.
4. Die Keramikfabrik nimmt einen Zusatzauftrag für Sorte B zum Nettoerlös von 4,65 €/Stück an. Berechnen Sie die Stückzahl dieses Auftrages, wenn dadurch das Betriebsergebnis um 735,00 € gesteigert werden konnte.
5. Wegen Absatzschwierigkeiten bei Sorte A muss der Preis gesenkt werden. Geben Sie die kurzfristige Preisuntergrenze für Sorte A an (mit Begründung).

III-96

Ein Hersteller von Computerbildschirmen in Straubing hat im letzten Abrechnungszeitraum 5 000 Stück produziert und zum Preis von 700,00 € netto je Stück abgesetzt. Bei Fixkosten von 1.830.000,00 € entstand ein Verlust von 230.000,00 €. Zur Verbesserung des Betriebsergebnisses bieten sich dem Hersteller drei Möglichkeiten (siehe 1.–3.). Für welche der drei Möglichkeiten wird sich der Hersteller keinesfalls entscheiden (mit Begründung)?

1. Erhöhung von Produktion und Absatz bei gleichbleibendem Verkaufspreis. Wie viele Bildschirme müssten mehr produziert und verkauft werden, wenn die variablen Kosten 380,00 € je Stück betragen und ein Verlust vermieden werden soll?
2. Erhöhung der Verkaufspreise unter Beibehaltung der ursprünglichen Stückzahl. Wie hoch müsste der neue Verkaufspreis sein, damit die vollen Kosten gedeckt werden?
3. Sofortige Umstellung der Produktion auf einen neuen Bildschirmtyp, dessen Herstellung variable Kosten von 355,00 € je Stück verursacht und der zu einem Stückpreis von 799,00 € netto abgesetzt werden kann. Produktion und Absatz würden dabei auf 75 % der ursprünglichen Stückzahl zurückgehen. Die Fixkosten blieben mit 1.830.000,00 € unverändert. Welches Betriebsergebnis (Gewinn oder Verlust) würde sich durch die Produktionsumstellung ergeben?

III-97

Beantworten Sie folgende Fragen bzw. lösen Sie die Aufgaben.

1. Worin besteht der Unterschied zwischen der Teilkosten- und der Vollkostenrechnung?
2. Welche marktorientierten Entscheidungen sind mithilfe der Deckungsbeitragsrechnung möglich (nennen Sie drei)?
3. Erklären Sie den Unterschied zwischen der langfristigen und der kurzfristigen Preisuntergrenze.
4. Welche Bedeutung hat der Break-even-Point?
5. Nehmen Sie zu folgender Aussage Stellung: „Solange der Deckungsbeitrag eines Kostenträgers positiv ist, wäre es unwirtschaftlich, diesen Kostenträger aus der Produktion zu nehmen."
6. Unter welcher Voraussetzung ist die Annahme eines Zusatzauftrages vorteilhaft?
7. Nehmen Sie Stellung: „Für die Kostenkontrolle und die Betriebsergebnisrechnung ist die Vollkostenrechnung von entscheidender Bedeutung."

III-98

S. 161

Das Industrieunternehmen Rechenfix, Erlangen, produziert Taschencomputer in zwei Ausführungen. Lösen Sie folgende Aufgaben.

	Typ A	Typ B
Nettoverkaufspreis/Stück	150,00 €	120,00 €
Kapazität	6 000 Stück	5 000 Stück
Produktion (≙ Absatz)	5 000 Stück	70,00 %
Fertigungsmaterial/Stück	40,00 €	30,00 €
Fertigungslöhne/Stück	24,00 €	22,00 €
Selbstkosten	900.000,00 €	

1. Ermitteln Sie die Höhe der Fixkosten.
2. Berechnen Sie das Betriebsergebnis (Gewinn oder Verlust).
3. In einem Zweigwerk wird der Taschencomputer „Mini-Spezial" hergestellt. Dabei entstehen im Monat Mai fixe Kosten von 200.000,00 € und variable Stückkosten von 50,00 €.
   a) Stellen Sie in einem Koordinatensystem (x-Achse: 1 000 Stück = 1 cm; y-Achse: 100 000 € = 1 cm) den Verlauf der variablen Kosten, der Fixkosten und der Gesamtkosten dar und benennen Sie die jeweilige Gerade.
   b) Kennzeichnen Sie die Gesamtkosten für 6 000 Stück mit „GK" auf der y-Achse.

III-99

Das Unternehmen Schaffer in Neubiberg stellt Ventilatoren in zwei Größen her. Bearbeiten Sie zu folgenden Angaben die Aufgaben.

	A	B
Erzeugung in Stück	3 000	1 500
Fertigungsmaterial je Stück	68,00 €	84,00 €
Fertigungslöhne je Stück	42,00 €	46,00 €
Fixkosten	315.000,00 €	
Listenpreise	198,00 €	122,00 €
Rabatt	5,00 %	5,00 %

1. Wie hoch ist das Betriebsergebnis?
2. Ein Kunde ist bereit, weitere 500 Stück von Typ A abzunehmen, wenn er auf den Listenverkaufspreis 15 % Rabatt erhält. Da der Betrieb noch freie Kapazitäten hat, nimmt der Inhaber den Auftrag an. Wie wirkt sich der Zusatzauftrag auf das Betriebsergebnis aus (mit Begründung)?

III-100

Der Zweigbetrieb des Unternehmens Texta & Co., Fürth, stellt zwei Produkte her. Bearbeiten Sie die Aufgaben zu folgenden Angaben.

	Produktion ≙ Absatz	Netto-verkaufspreis	variable Kosten
Produkt A	200 Stück	110,00 €/Stück	78,00 €/Stück
Produkt B	300 Stück	180,00 €/Stück	120,00 €/Stück

Die gesamten Fixkosten betragen 26.000,00 €.

1. Berechnen Sie das Betriebsergebnis (Gewinn oder Verlust).
2. Wie hoch ist die langfristige Preisuntergrenze von Produkt B?
3. Wie viel Stück müssten von Produkt A mehr hergestellt und abgesetzt werden, wenn vom Produkt B nur noch die Hälfte produziert und abgesetzt wird und ein Betriebsgewinn von 600,00 € erzielt werden soll?

III-101

Im Unternehmen Krönle wurde für die Topfserie HE-TPF3 im Rahmen der Deckungsbeitragsrechnung nachstehende Grafik erstellt.

Veraufserlös/Stück	133,00 €			FK		24.500,00 €	VK/Stück		72,45 €
Stückzahl	0	100	200	300	400	500	600	700	800
Erlöse	0,00	13.300,00 €	26.600,00 €	39.900,00 €	53.200,00 €	66.500,00 €	79.800,00 €	93.100,00 €	106.400,00 €
Selbstkosten	24.500,00 €	31.745,00 €	39.990,00 €	46.235,00 €	53.480,00 €	60.725,00 €	67.970,00 €	75.215,00 €	82.460,00 €

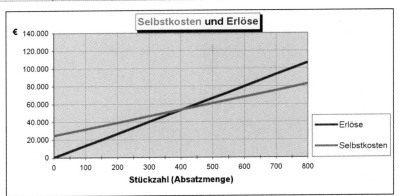

Lösen Sie zu dieser Grafik folgende Aufgaben:

1. Erklären Sie den Ausdruck „Break-even-Point" und nennen Sie dafür einen weiteren Begriff.

2. Ordnen Sie der Grafik die Begriffe „Gewinnzone" und „Verlustzone" zu, indem Sie auf den Verlauf der beiden Geraden eingehen.

3. Bei welcher Absatzmenge liegt der Break-even-Point?

4. Berechnen Sie mit Ihrem Tabellenkalkulationsprogramm das Betriebsergebnis bei 1 200 Topfsets.

Sie können Ihr Rechenblatt ausdrucken und hier einkleben.

5. Bestimmen Sie die kurzfristige Preisuntergrenze.

6. Lohnt sich die Annahme eines Zusatzauftrages, wenn der Nettoverkaufserlös je Set bei 72,99 € liegt (mit rechnerischer Begründung)?

7. Erstellen Sie mit Ihrem Tabellenkalkulationsprogramm eine Grafik zu den Fixkosten je Stück und den variablen Kosten je Stück.

Sie können Ihre Grafik ausdrucken und hier einkleben.

III-102

Ein Unternehmen stellt zwei Produkte her.

1. Erklären Sie das folgende Abrechnungsschema hinsichtlich des Betriebsergebnisses und seiner Ursachen.
2. Welches Produkt sollte künftig bevorzugt produziert und abgesetzt werden (mit Begründung)?

	A	B	C	D
1	**Deckungsbeitragsrechnung**			
2		A	B	gesamt
3	Nettoverkaufspreis (NVP) je Stück	177,00 €	165,00 €	
4	variable Kosten (VK) je Stück	178,00 €	159,00 €	
5	Produktion (≙ Absatz) in Stück	200	800	
6	fixe Kosten (FK)	30.000,00 €		
7				
8	Nettoverkaufserlöse (NVE)/Stück	177,00 €	165,00 €	
9	- variable Kosten (VK)/Stück	178,00 €	159,00 €	
10	Deckungsbeitrag (DB)/Stück	- 1,00 €	6,00 €	
11	Deckungsbeitrag (DB) gesamt	- 200,00 €	4.800,00 €	4.600,00 €
12	- fixe Kosten (FK)			30.000,00 €
13	Betriebsergebnis (BE) Gewinn/Verlust			- 25.400,00 €

III-103

Das Unternehmen Krönle führt einen Zusatzauftrag aus und erstellt dazu dieses Abrechnungsschema. Bearbeiten Sie dazu die folgenden Aufgaben.

1. Welche Formeln wurden eingegeben in die Zellen
   a) B8,
   b) D11,
   c) E13?

2. Wie wirkt sich die Hereinnahme des Zusatzauftrages auf den Unternehmenserfolg aus? Begründen Sie Ihre Feststellung, indem Sie auf die Produktion der einzelnen Topfsets eingehen.

3. Vorausgesetzt, der Zusatzauftrag wäre nicht erfüllt worden: Bestimmen Sie für diesen Fall die langfristige Preisuntergrenze der Topfserie HE-TPF2.

4. Angenommen, der Kunde für den Zusatzauftrag würde weitere 150 Topfsets bestellen. Welches Problem stellt sich für Sonja Krönle?

III-104

Sonja Krönle liegt dieses Rechenblatt vor. Lösen Sie dazu folgende Aufgaben.

	A	B	C	D
1	**Deckungsbeitragsrechnung** (langfristige Preisuntergrenze)			
2		Hotel-Exklusive HE-TPF6	Hotel-Standard HS-TPF3	gesamt
3	Nettoverkaufspreis (NVP) je Stück	199,00 €	?	
4	variable Kosten (VK) je Stück	189,00 €	178,00 €	
5	Produktion (≙ Absatz) in Stück	1200	790	
6	fixe Kosten (FK)	46.000,00 €		
7				
8	Nettoverkaufserlöse (NVE)/Stück	199,00 €	221,04 €	
9	- variable Kosten (VK)/Stück	189,00 €	178,00 €	
10	Deckungsbeitrag (DB)/Stück	10,00 €	43,04 €	
11	Deckungsbeitrag (DB) gesamt	12.000,00 €	34.000,00 €	46.000,00 €
12	- fixe Kosten (FK)			46.000,00 €
13	Betriebsergebnis (BE) Gewinn/Verlust			0,00

1. Wozu dient dieses Rechenblatt?

2. Welche Formel wurde jeweils eingegeben in die Zelle
   a) C11,
   b) C10,
   c) C8?

3. Was besagt der Wert 221,04 €?

4. Welche Aufgabe haben die Angaben in den Zeilen 3 bis 6?

5. Bestimmen Sie die kurzfristige Preisuntergrenze beim Topfset HS-TPF3.